Léon Faucher

L'Organisation du travail et de l'impôt

Essai

ISBN : 978-1985355453

10 9 8 7 6 5 4 3 2 1

Léon Faucher

L'Organisation du travail et de l'impôt

Essai

Table de Matières

Si la société est mal faite, refaites-la. »
(Discours de M. Louis Blanc.)

Première partie

Une révolution n'est vraiment digne de ce nom que lorsqu'on la fait dans l'intérêt du plus grand nombre. Les intrigues et les catastrophes de palais, les changements soudains d'hommes ou de lois peuvent laisser une trace de sang dans l'histoire : la mémoire des peuples ne s'attache qu'aux événements qui ont amélioré leur sort, et qui marquent en quelque sorte les étapes du progrès.

Le progrès est la pierre de touche des révolutions ; mais il ne s'accomplit pas en un jour, il ne jaillit pas comme un éclair qui illumine l'espace. Les peuples s'affranchissent par degrés. La liberté s'étend, et la base du pouvoir s'élargit à mesure que les lumières se répandent, Chaque évolution de l'humanité apporte une idée nouvelle et consacre des droits nouveaux ; chacune a sa destinée à remplir. Il ne faut pas que les lois s'élancent en avant ni qu'elles passent à côté des mœurs, car alors elles seraient des chimères ou des violences.

Quand on veut sérieusement réformer, améliorer, développer, on doit partir de ce qui existe, et prendre pied dans le monde des réalités. Les grands législateurs de l'antiquité et des temps modernes se sont toujours annoncés comme les continuateurs de la tradition orale ou écrite. C'est dans le passé, c'est dans les mœurs primitives qu'ils ont placé leur idéal, leur âge d'or. Moïse continue les patriarches, et l'Évangile se rattache à la loi de Moïse. Les sages de la Grèce vont s'instruire dans les rites mystérieux de l'Égypte. Rome emprunte la loi des douze tables à la Grèce. Grégoire VII fait sortir de la république chrétienne un catholicisme monarchique et conquérant. Luther, en proclamant la liberté religieuse, ne renonce ni à l'autorité ni à la grâce. La révolution française, qui considère les titres du genre humain comme oubliés ou perdus, franchit un intervalle de deux mille ans pour aller les demander à Rome ou à la Grèce. Napoléon, pour donner de larges et solides bases à la société civile, pour rédiger les codes, interroge les annales, l'expérience et le bon sens de la nation.

Ceux qui prétendent refaire la société ne sont que des rêveurs ou des anarchistes. Tout le secret de ceux-ci consiste, comme on le dit hautement dans certains clubs, à mettre dessus ce qui était dessous, et à mettre dessous ce qui était dessus. Ils élèvent le désordre à la hauteur d'une théorie ; pour eux, renverser est tout ; ils ne songent pas à reconstruire. Par cela même, nous les croyons peu dangereux ; la société a besoin d'ordre et ne suit pas longtemps ceux qui la mènent à travers les ruines. Quant aux autres, quant à tous les esprits faux qui nous proposent un monde de leur façon, depuis les conceptions ultra-démocratiques d'Owen jusqu'aux théories ultra-despotiques de Saint-Simon, leurs systèmes dérivent d'une vue incomplète du cœur humain et de l'histoire ; ils ressemblent à ces monstres de la création, dans lesquels une partie du corps se trouve développée à l'excès et absorbe la substance de toutes les autres. Les uns sacrifient l'autorité à la liberté, les autres la liberté à l'autorité. En considérant l'état social, ils ne s'élèvent jamais à l'harmonie ni à une vue d'ensemble. Aussi leur influence ne peut-elle ni s'étendre ni durer. Elle passe comme un météore sinistre ; elle éblouit et n'éclaire pas. Entre les réformateurs et les niveleurs il y a un abîme. Luther a émancipé l'Alemagne, et les anabaptistes l'ont ravagée. L'assemblée constituante a proclamé des principes qui feront avec le temps la conquête du monde civilisé, et les doctrines de Baboeuf n'ont produit que des machinations contre l'ordre social, machinations absurdes autant que funestes.

On ne refait pas la société, parce que la société est l'œuvre de Dieu avant d'être l'œuvre des hommes. La Providence en a posé les bases et en a marqué les destinées. Les lois du monde moral aussi bien que celles du monde physique émanent de cette pensée éternelle et immuable. Nous ne sommes pas notre propre cause. Nous ne donnons pas l'impulsion à cette gravitation puissante qui entraîne les individus, les nations, le genre humain tout entier. Nous pouvons y associer nos efforts, mais voilà tout. La famille, la propriété, les droits et les devoirs, nous n'avons rien créé ; nous ne pouvons rien détruire. Pour changer la société, il faudrait changer la nature humaine, donner à l'homme d'autres besoins, d'autres penchants, d'autres sentiments que ceux qu'il manifeste et qui sont inhérents à sa constitution. Il faudrait encore séparer complètement les nations de leur passé, et rompre tout lien de solidarité entre les hommes. Ce serait la folie aux prises avec l'impossible.

De pareilles clameurs avaient encore un prétexte avant l'ère de régénération qui fut inaugurée en 1789. A cette époque en effet, la vieille monarchie expirait, et le gouvernement représentatif allait naître. L'administration était décrépite, l'ordre politique était encombré de privilèges, la propriété se trouvait concentrée de la façon la moins productive dans un petit nombre de mains. L'industrie et le commerce étaient dans les langes ; le crédit n'existait pas, des voies de communication imparfaites et clairsemées sillonnaient le territoire ; la France était comme une terre inculte que la révolution avait à défricher.

Cette révolution, nous l'avons faite. Il n'y a plus de privilèges, il n'y a que des droits. Tous les hommes étaient égaux depuis cinquante ans devant la loi civile ; l'égalité s'établit aujourd'hui devant la loi politique. La propriété du sol, qui appartenait à quelques privilégiés, est devenue le fait le plus général en France. Presque tout le monde possède de nos jours. Le repos de la société tient désormais au grand nombre des propriétaires, comme la fortune de l'état au grand nombre des contribuables avec la diffusion de la richesse immobilière, la richesse mobilière a pris l'essor. Les capitaux ont été accumulés par l'épargne ; le crédit a reçu des développements inconnus ; le travail, affranchi et honoré, devient le principe de toutes choses ; l'ordre actuel, grâce aux réformes profondes opérées depuis un demi-siècle, est véritablement un ordre nouveau. Pour le refaire, il faudrait défaire ; il faudrait remettre en question les progrès accomplis, et tenter, après deux expériences malheureuses, une troisième restauration du passé.

Tous les changements qui peuvent intervenir dans l'état social d'un peuple ont pour objet, soit de renouveler la forme de la pensée religieuse, soit de modifier le principe du gouvernement, soit d'amener une autre distribution de la richesse et de la propriété, soit enfin d'établir des bases différentes pour la répartition des charges publiques. La religion, l'état, la propriété et l'impôt, voilà le cercle des combinaisons dans lesquelles se produit le besoin d'innovation et de réforme. Eh bien ! qu'y a-t-il à changer aujourd'hui dans ces éléments de l'ordre social ? Les novateurs ne nous apportent pas assurément un dogme supérieur au dogme chrétien, ni une morale plus pure et plus humaine que la morale de l'Évangile. Quant au gouvernement, tout le monde y concourt désormais ; le droit est proclamé, il ne s'agit plus que d'en garantir à chacun le paisible exercice, de faire régner une égalité bien réelle, d'empêcher que le privilège d'une classe ne soit substitué au privilège d'une autre classe, que le capital ne soit immolé au salaire, ou le salaire au capital ; que le travail des bras, par une réaction qui frapperait les ouvriers eux-mêmes, ne prime le travail intellectuel, et que la corruption ne soit remplacée par la violence.

L'assiette de l'impôt conserve encore quelques traces du servage qui pesait, dans le dernier siècle, sur les rangs inférieurs de la société. Sans doute aucune classe d'hommes ne peut aujourd'hui s'exempter de la contribution que réclament les charges publiques : le clergé et la noblesse acquittent l'impôt ; les citoyens, grâce à la suppression de la corvée et de la dîme, ne paient plus d'impôt qu'à l'état. Pourtant la répartition des charges n'est pas conforme à la stricte équité ; tous les citoyens n'y contribuent pas dans la proportion de leur fortune. Il y a des taxes qui se mesurent à l'importance de la propriété et du revenu ; il en est d'autres qui, dépendant de la consommation personnelle, représentent une véritable capitation. Le paysan se voit rançonné par la taxe du sel ; l'impôt indirect et l'octroi accablent de tout leur poids l'ouvrier et l'artisan dans les villes. Les contributions sont réparties, à certains égards, en raison inverse des facultés contributives ; on voit trop que les propriétaires ont fait la loi, et qu'ils l'ont faite dans leur seul intérêt. Sur ce point, la réforme paraît facile ; il n'est pas nécessaire de bouleverser la société, et il ne faut pas même se mettre en grands frais d'invention pour établir sur des bases plus équitables l'assiette de l'impôt.

La législation qui régit chez nous le commerce et l'industrie présente sans contredit des dispositions qui ont fait leur temps et des lacunes qui sont regrettables ; mais ces défauts trouvent leur explication dans le caractère de l'époque à laquelle remonte le système. Ces lois furent rendues sous l'empire, dans un mouvement de réaction ; elles accusent une déviation très prononcée des principes d'égalité et de liberté qui forment le trait distinctif de la société moderne. Ouvrez le code pénal et même le code de commerce : vous n'y verrez nulle part les droits de l'ouvrier placés sur la même ligne que ceux du maître ; l'esprit d'association y est gêné et non pas secondé ni dirigé par les règles qu'on lui pose ; enfin, le législateur ne semble pas plus avoir soupçonné l'importance du travail et du crédit qu'il n'avait deviné le rôle de création industrielle et d'expansion commerciale réservé à la vapeur.

Mais, pour redresser la tendance de nos lois, il suffit de les retremper dans leur source légitime. En rendant le travail libre, on le rendra fécond. Il n'est pas nécessaire, pour atteindre ce but, d'emprisonner la société dans les limites d'un phalanstère.

Pourquoi veut-on cependant reprendre aujourd'hui en sous-œuvre les fondements de l'ordre social ? Quel est le prétexte on le but d'une aussi étrange croisade ? Les novateurs ont arboré pour bannière ces mots ambitieux et équivoques *Organisation du travail*. Ce qu'ils entendent par là, nul ne le sait ; ils ne le savent pas eux-mêmes. Comme l'a dit un illustre orateur, ils n'ont qu'un problème, et ils vont en avant avec la même intrépidité que s'ils apportaient une solution pratique chercheurs aventureux qui appellent la société à quitter le terrain solide des faits, sans pouvoir lui montrer, même dans le lointain, le profil de la terre promise.

Parmi ces agitateurs et au premier rang figure M. Louis Blanc, qui a écrit un livre très populaire[1] et que le suffrage du peuple a élevé au pouvoir, comme pour le mettre en demeure de passer, à la faveur d'un mouvement révolutionnaire, de la théorie à l'action. Parlons d'abord de l'ouvrage ; nous verrons ensuite ce qu'a fait l'auteur depuis qu'il a pris en main le gouvernement de la France. J'ai servi longtemps mon pays, comme M. Louis Blanc, dans les rangs de la presse quotidienne, qui est l'église militante de notre temps. En souvenir de cette confraternité qui m'est chère et en témoignage de mon estime, je lui dois et je lui dirai la vérité, sans prétention comme sans faiblesse.

M. Louis Blanc est un esprit plein de sagacité et qui excelle dans la critique. Un style clair, mordant, vigoureux, donne à ses écrits, outre l'attrait du montent, le cachet de la durée ; mais il manque absolument de cette philosophie qui révèle le sens général des faits, et de cette expérience qui enseigne le côté pratique des choses. Son livre n'est ni une doctrine ni un plan. A le prendre par le côté des théories, on le trouve d'une insuffisance trop évidente, amalgamant sans choix le faux avec le vrai, et, à l'exemple de Jean-Jacques

---

[1]   *Organisation du travail,* par M. Louis Blanc ; cinquième édition, 1848.

Rousseau, cherchant la force non dans la raison, mais dans la logique. Quant à la solution qu'il présente et qui consiste à ouvrir, en face des ateliers libres, des ateliers fondés par le gouvernement, elle est d'un vague qui confine au vide. Les systèmes d'Owen, de Saint-Simon et de Fourier sont des chefs-d'œuvre en comparaison.

Le succès de M. Louis Blanc s'explique moins par les qualités que par les défauts de son livre. C'est le vague même de ces données qui en a fait la popularité. Moins le symbole qu'il proposait au peuple était tangible et défini, et plus il autorisait d'illusions ainsi que d'espérances. Ajoutons qu'en introduisant l'action du gouvernement dans l'industrie, M. Louis Blanc ne demandait pas, comme Saint-Simon et Fourier, que l'on fît sans délai table rase de l'ordre actuel, ni que la société fût coulée d'un seul jet dans un moule nouveau. Il attaquait plutôt qu'il ne supprimait la liberté industrielle. En révolutionnaire habile, il avait l'air de respecter les droits ainsi que les habitudes, au moment même où il visait à tout déplacer. M. Louis Blanc a mieux réussi que les socialistes qui l'avaient précédé et dont il s'était manifestement inspiré, non pas parce qu'il égarait moins les esprits, mais parce qu'il leur imprimait d'abord une secousse moins violente.

Que veut détruire M. Louis Blanc, et que veut-il mettre à la place de ce qu'il détruit ?

Les adversaires que son livre prend à partie, dans la société telle que vingt siècles de civilisation l'ont faite, ne sont rien moins que la liberté, la propriété, le capital et l'esprit d'association, en un mot les éléments essentiels de l'ordre ainsi que les forces vives du progrès. Ce qu'il prétend édifier sur ces ruines, c'est, sous une forme ou sous une autre, le monopole universel de l'état, c'est l'égalité absolue des personnes et des fortunes ; c'est, comme l'a dit M. Michel Chevalier, un panthéisme grossier dans le sein duquel toutes les individualités viendraient s'absorber et se confondre.

Selon M. Louis Blanc, la concurrence en matière d'industrie et de commerce est la plaie de notre état social. Cette liberté du travail, pour laquelle nous avons livré de si rudes combats, ressemble au Saturne de la fable, qui dévorait ses enfants à mesure qu'ils venaient au monde. La concurrence est l'arme dont les forts se servent pour écraser les faibles. Elle enrichit les riches et appauvrit les pauvres, accroît les inégalités sociales, engendre l'oppression et la fraude, et tend à remplacer l'aristocratie de race par l'aristocratie d'argent. La concurrence est, pour la bourgeoisie, une cause incessamment agissante de ruine ; elle est, pour le peuple, un système d'extermination. Elle ne procure même pas à la masse des consommateurs le bon marché qui en fait le prétexte et qui en serait l'unique excuse. Sous un tel régime, on passe par un avilissement des prix temporaires pour aboutir à la cherté, et par la licence pour tomber dans la servitude.

Voilà un tableau peu flatté assurément. Ce que M. Louis Blanc dit de la concurrence dans le travail, d'autres l'avaient dit avant lui ; mais ils portaient plus loin l'anathème. La logique, en effet, ne permet pas de s'arrêter dans cette voie. Si l'on condamne la liberté à cause des excès qui en peuvent naître, il faudra étendre le même arrêt à la propriété, à la famille, aux lumières, car il n'est pas de principe dont on n'abuse, et la Providence, précisément parce qu'elle a fait l'homme libre, a placé partout dans sa destinée le mal à côté du bien.

Pour juger sainement les institutions, il s'agit de savoir si le bien l'emporte sur le mal, ou le mal sur le bien, et de quel côté penche décidément la balance. Que l'on examine, dans un esprit impartial, quels ont été, depuis soixante ans, les effets de la liberté pour le commerce ainsi que pour l'industrie, et je ne craindrai pas que les paradoxes éloquents de M. Louis Blanc fassent des prosélytes. Oui, cela est désormais incontestable, et j'en prends à témoin les socialistes eux-mêmes, ceux d'hier comme ceux d'aujourd'hui. Nous devons à la liberté du commerce et de l'industrie, à la concurrence si l'on veut, tous les progrès, toutes les merveilles de notre siècle. Sous l'influence de ce régime, la société, prise en masse, s'est enrichie ; la bourgeoisie, sortant de ses langes, a grandi visiblement en nombre, en puissance et en lumières ; le peuple, enfin, a cessé d'être un chiffre pour former un corps agissant et pensant. Le travail, instrument de servage, est devenu le grand chemin de l'aisance. En même temps que la valeur de la propriété, s'est accru le taux des salaires. Depuis la révolution de 1830, l'accroissement représente déjà plus de trente pour cent. Que serait-ce, si l'on comparait le salaire d'aujourd'hui à celui que l'ouvrier obtenait avant 1789, sous le régime des corvées et des corporations, tant que son intelligence et ses bras demeuraient enfermés dans les institutions du moyen-âge ?

La France de 1789 ne pouvait pas payer un budget de 500 millions ; la France de 1847 a pu subvenir à une dépense de 1,600 millions, malgré les fautes de son gouvernement et malgré l'épuisement qu'avait produit une année calamiteuse. La fortune publique voit donc ses ressources au moins triplées. Est-il possible que le revenu de l'état reçoive de tels accroissements sans que l'aisance augmente et se répande parmi les individus ?

La richesse de l'état et des particuliers s'est accrue de deux manières : d'abord parce que le nombre des travailleurs s'est multiplié et que chacun d'eux a produit davantage ; ensuite parce que la production, secondée par de nouveaux moteurs et par d'innombrables machines, a pu diminuer son prix de revient. L'ouvrier voit ses ressources augmenter, et, le même argent lui procurant plus de jouissances et servant à satisfaire des besoins plus étendus, il s'élève d'un degré dans l'échelle sociale. Voilà le mouvement qui s'opère sous nos yeux, chaque jour, dans tous les pays, et qui devient plus irrésistible à mesure que la liberté pénètre plus avant dans les mœurs.

On parle des variations que la concurrence peut amener dans le prix des choses. Nous n'entendons pas les contester d'une manière absolue ; mais nous ne faisons que rendre hommage à la vérité, en disant que, dans ces oscillations inévitables, le bon marché finit toujours par être la règle, et la cherté des produits l'exception. Ajoutons que les prix vont se réduisant d'année en année, jusqu'à ce que la valeur des produits soit à peine supérieure aux frais de la main-d'œuvre, et que c'est dans les contrées qui jouissent de la plus entière liberté en fait de commerce et d'industrie, que l'on voit coïncider ces deux phénomènes, le haut prix des salaires et le bas prix des objets fabriqués. En présence du spectacle que ce libre développement de l'homme et de la société donne déjà depuis près d'un siècle aux États-Unis, il y a plus que de la témérité, il y a de l'ingratitude à maudire le principe de la concurrence.

L'industrie, je le sais, traîne à sa suite bien des misères. Dans cette fécondité d'expansion qui la caractérise, elle n'a pas constamment pour rejetons l'ordre, le bien ni la richesse. Des crises périodiques la ravagent, qui dissipent les fortunes et qui moissonnent les existences. Du fond des ateliers, même dans les temps prospères, s'élèvent trop souvent des plaintes lamentables qui couvrent le bruit des machines et qui vont troubler la sérénité du ciel. J'ai vu, j'ai touché du doigt, j'ai sondé ces plaies que la plupart des socialistes exagèrent ou dénaturent en les décrivant sur des ouï-dire. J'ai pénétré dans les ateliers de famille comme dans les plus vastes manufactures ; j'ai interrogé toutes les classes de travailleurs, depuis l'ouvrière qui gagne péniblement 40 à 50 centimes par jour jusqu'au mécanicien dont le salaire peut s'élever à 20 francs ; j'ai comparé les ressources avec les besoins de chacun, depuis les parias qui vivent entassés pêle-mêle dans les bouges les plus infects, sans vêtements, sans pain, sans air ni lumière, jusqu'à ces heureux du travail qui habitent les comfortables chaumières de Turton, avec l'aisance assise au foyer domestique et avec le contentement dans le cœur ; j'ai poursuivi cette comparaison pendant près de vingt ans, à Paris, dans les villes industrielles de la France, en Belgique, dans les provinces rhénanes, en Suisse, en Angleterre et en Écosse. J'ai fouillé, la nuit comme le jour, les profondeurs les plus cachées, les mystères souterrains de l'état social. Dans le cours de cette pénible odyssée, j'ai senti bien des fois l'émotion soulever mon cœur et déchirer mes entrailles ; mais je n'en ai pas conclu que le mal dominât sur la terre ni qu'il y eût lieu, pour corriger des misères accidentelles, de supprimer la liberté.

Si le malheur est peut-être plus apparent aujourd'hui, il est, certes, moins général que dans les sociétés anciennes. Ceux qui souffrent le plus sont les retardataires qui n'ont pas voulu ou qui n'ont pas su s'accommoder du progrès. Les tisserands à la main travaillent seize heures par jour pour vivre de pommes de terre ; le tissage à la mécanique procure aux enfants et aux femmes le salaire des hommes faits. Le mouvement de la société, précisément parce que l'on n'y saurait résister, a quelque chose d'impitoyable ; c'est aux institutions de relever, dans leur prévoyance et dans leur charité, les blessés qu'il laisse étendus sur sa route.

La science économique, en posant des principes que les pouvoirs publics avaient trop longtemps ignorés ou méconnus, a donné peut-être à ces lois une forme brutale et réactionnaire. Elle a proclamé avec raison que le salaire était une marchandise, dont le cours résultait nécessairement de la proportion qui existait entre l'offre du travail et la demande ; mais elle a oublié de nous avertir que le salaire n'était pas une marchandise comme une autre, et que, dans les moments où l'offre des bras excédait trop largement la demande, la prévoyance des gouvernements devait venir en aide, dans une certaine mesure, aux infortunes privées. La société est une espèce d'assurance mutuelle que la force collective établit pour diminuer et pour protéger la faiblesse de chacun ; il ne faut pas cependant qu'elle dispense les individus de prévoir et d'agir, ni qu'elle ait la prétention d'accomplir, eu prévenant tous les malheurs partiels, ce qui n'est pas au pouvoir de l'humanité et ce que n'a pas voulu la Providence.

« La concurrence, dit M. Louis Blanc, est la guerre dans l'ordre des intérêts. » Non, ce n'est pas la guerre : c'est la lutte, c'est l'émulation, c'est l'effort, c'est la condition même de l'existence. Il y a des gens qui croient que l'harmonie résulte du silence des passions et de l'immobilité des forces. Je considère ceux-là comme les bonzes de la pensée. Qu'ils jettent les yeux cependant sur le monde physique : n'est-ce pas la tempête qui purifie l'atmosphère, le flux de l'océan qui empêche la corruption des eaux, la lutte des éléments, en un mot, qui produit l'harmonie ? Le monde moral obéit à une loi semblable ; il a deux pôles, l'intérêt et le devoir, autour desquels gravitent l'homme et la société ; l'un qui suscite l'émulation des intelligences et des forces, l'autre qui les règle et les modère pour empêcher que la lutte ne devienne un combat.

Nous n'apercevons pas, au surplus, dans le régime de la concurrence, cette fatalité qui livre le faible aux coups du fort, de même que certains animaux, dans la création, sont destinés à devenir la proie des autres. La liberté développe toutes les facultés de l'homme et lui donne cette énergie qui dompte les obstacles. Les peuples les plus industrieux, les plus commerçants et les plus riches ne sont-ils pas ceux à qui le climat et le sol qu'ils habitent ne donnent que des difficultés à surmonter ? Les Anglais ne vont-ils pas chercher le coton en Amérique, et les Hollandais n'ont-ils pas à disputer aux vagues de l'Océan la terre qui les porte ? M. Louis Blanc prétend que, dans l'industrie comme à la guerre, la victoire appartient aux gros bataillons, c'est-à-dire aux gros capitaux. Qu'il nous explique donc comment il se fait que les manufactures de la Suisse, que ne protège aucune ligne de douane, luttent avec succès contre la puissance industrielle de l'Angleterre, et comment la bonneterie allemande, industrie morcelée et pauvre, trouve un débouché pour ses produits jusqu'au centre de la production similaire, à Nottingham et à Manchester.

On remarquera que plus la liberté est complète et plus le champ du travail s'étend, moins se font sentir les inconvénients de la concurrence. Pourquoi ces inconvénients sont-ils plus sensibles, par exemple, dans l'industrie manufacturière que dans l'industrie agricole, si ce n'est parce que, la culture du sol étant à peu près l'occupation de tout le monde, l'origine des produits de la terre s'effaçant dans l'immensité du marché et la production ayant à défrayer des besoins presque sans limites, on peut faire baisser, mais non pas avilir les prix ? Depuis la réforme opérée dans les tarifs par sir Robert Peel, le bétail étranger entre par masses en Angleterre, sans que, sous la pression de cette concurrence, le prix de la viande ait subi une réduction vraiment appréciable. Le travail manufacturier aura le même sort, lorsqu'il verra s'accroître sa clientelle. Ces clients ne sont guère aujourd'hui que dans les villes ; car, en dehors des nécessités alimentaires, les habitants des campagnes consomment fort peu. En vêtements et en linge, le budget d'une famille agricole n'excède pas 100 francs par année. Rendons les paysans consommateurs, et nous aurons ouvert aux manufactures l'exploitation d'un monde nouveau.

Un autre préjugé de M. Louis Blanc consiste dans l'antagonisme qu'il suppose entre le capital et le travail. On concevrait encore que ce débat s'élevât en Angleterre, dans un pays où le capital abonde, où il a pénétré tous les pores de la production, où il cherche partout de l'emploi, et où il prêtera dans tous les cas son concours, de quelque façon qu'on le traite ; mais en France, où il est de récente formation, peu abondant, peu aventureux, attaquer ou effrayer le capital, c'est vouloir le faire disparaître. Le capital n'a pour lui, chez nous, ni la possession ni la force. Nous ignorons si ceux qui en sont détenteurs montrent dès à présent des tendances despotiques ; à coup sûr, ils n'ont eu le temps d'exercer aucune tyrannie. Parcourez nos cités industrielles, vous entendrez partout les fabricants déplorer l'absence ou la pénurie des capitaux, et chercher dans cette situation la raison de leur infériorité à l'égard de l'industrie étrangère. Jetez vos regards sur nos campagnes, dont l'aspect misérable fait un contraste très humiliant pour nous avec les champs cultivés de l'Angleterre, de la Belgique et même de l'Allemagne ; d'où vient cela, sinon de la pauvreté combinée du cultivateur et du propriétaire ? La terre produit peu quand l'homme ne l'arrose qu'avec la sueur de son front. Pour en développer toute la fécondité, il faut des machines, des soins intelligents et des engrais, toutes choses qui sont des capitaux sous diverses formes. De l'autre côté du détroit, une ferme est considérée comme une manufacture agricole, qui a pour instruments un bétail considérable et une armée d'ouvriers, et dans laquelle le fonds de roulement représente souvent une valeur égale à celle du sol. Aussi la récolte du froment rend-elle 15 à 16 pour 100 de la semence, tandis que nos métayers, grattant la terre qu'ils n'ont pas engraissée, en retirent à peine, au jour d'une moisson étique, 7 à 8 pour 100.

Le moment n'est donc pas venu, si jamais il doit venir, de faire le procès au capital au nom du travail. Entre ces deux termes de la question, nous ne saurions d'ailleurs voir aucune différence. Le capital est le produit du travail, c'est du travail accumulé, de même que le travail est du capital en perspective. Les capitaux, dans la faible proportion où ils existent chez nous, sont divisés à l'infini ; ils appartiennent, comme la propriété, à tout le monde. L'ouvrier et le serviteur à gages sont capitalistes aussi bien que le filateur, le maître de forges et le banquier. N'est-ce pas le peuple qui a prêté à l'état les 400 millions déposés dans les caisses d'épargne ?

En 1793, lorsque la nation confisqua les biens des émigrés, elle trouvait un prétexte dans l'origine de ces propriétés qui portaient encore le stigmate de la conquête. Les descendants des Gaulois vaincus et dépouillés croyaient reprendre leur bien sur les descendants des Franks, leurs oppresseurs. Pour attenter aux droits du capital, on n'aurait pas aujourd'hui la même excuse. Le capital n'est pas une dépouille opime. Loin d'avoir le caractère d'une usurpation, il représente les conquêtes de l'homme sur la matière, les créations légitimes et bienfaisantes du travail. Il n'y a pas de propriété qui dérive d'une source moins impure. Attaquer le capital, c'est attaquer le travail.

Le capital, voilà ce qui distingue les peuples civilisés des peuplades sauvages. Pour qu'une agrégation d'hommes mérite le nom de société, elle doit recéler quelque part des forces, des moyens d'action, des trésors accumulés qui représentent pour elle les acquisitions du passé. L'esprit humain ne recommence pas chaque jour sa tâche, et, pour marcher en avant, il se continue. La tradition en toutes choses est nécessaire au progrès. Comment se serait opérée en Europe la renaissance des arts, des sciences et des lettres, sans la connaissance des monuments, des méthodes et des chefs-d'œuvre littéraires que nous avait légués l'antiquité ? Nous montons, pour nous élever, sur les épaules de nos pères ; ce qu'ils ont fait pour nous venir en aide, nous devons le faire afin de faciliter l'œuvre de ceux qui nous suivront. La société possède un capital d'expérience, de lumières, d'habitudes morales, comme elle possède un capital de richesse ; ce que la méthode est à la pensée, et le levier au bras, la richesse l'est au travail.

Les capitaux dans l'industrie sont les instruments du travail. Ils se composent des établissements de crédit, des usines, des magasins, des machines, des moteurs, des matières premières, ainsi que du fonds de roulement destiné à faire les frais des opérations et particulièrement de la main-d'œuvre. Nous le demandons, le capital, sous cette forme, a-t-il quelque chose d'hostile, et n'a-t-il pas été créé au bénéfice de l'ouvrier ? Le travail était un esclavage quand l'homme n'avait d'autre outil que ses mains ; n'est-il pas relevé de cette dégradation, ne devient-il pas une sorte de noblesse, depuis que nous avons armé les bras de puissantes machines, et depuis que l'ouvrier, commandant aux éléments, appelle à son aide, comme autant d'esclaves dociles, l'air, l'eau et le feu ?

On a longtemps cherché la richesse dans la possession des métaux précieux, qui n'en sont que le signe. On a cru que les nations les plus opulentes et les plus puissantes étaient celles qui possédaient la plus grande quantité d'or et d'argent. De là, ces expéditions qui emportèrent les héros de la fable à la conquête de la toison d'or, et les Espagnols à la conquête des mines du Pérou et du Mexique. Mais, depuis l'avènement ou plutôt depuis la renaissance de l'industrie, chacun sait que la richesse consiste dans la production, et que la production, pour se développer avec toute sa puissance, exige l'harmonie la plus complète du capital avec le travail. Que le capitaliste puisse être tenté quelquefois d'accroître sa part aux dépens de l'intelligence et de la main-d'œuvre, nous n'entendons pas le nier d'une manière absolue ; mais deux faits qui se produisent concurremment prouvent qu'il n'y a pas là un danger sérieux pour la génération actuelle : nous voulons parler de la hausse normale qui s'opère dans les salaires, pendant que le loyer des capitaux baisse en proportion. Les profits que le manufacturier attendait autrefois de la différence entre le prix de revient et le prix de vente, il les calcule aujourd'hui, en nivelant le plus qu'il peut cette différence, sur la masse même des produits. La part du capital diminue ainsi de tout ce que le fabricant abandonne à la consommation et à la main-d'œuvre ; le bénéfice de la production se répartit entre tous et n'appartient par privilège à personne. J'admets cependant une association encore plus étroite entre le capitaliste et l'ouvrier ; mais j'attends ce dernier progrès de la liberté, qui nous a donné tous les autres.

Le dernier des paradoxes que M. Louis Blanc donne pour bases à son organisation du travail est l'égalité des salaires. Laissons-le exposer lui-même, pour plus d'exactitude, cette incroyable théorie.

« Il y a à choisir entre deux systèmes, ou des salaires égaux ou des salaires inégaux ; nous serions partisan, nous, de l'égalité, parce que l'égalité est un principe d'ordre qui exclut les jalousies et les haines.

« On pourra nous objecter : « L'égalité ne tient pas compte des aptitudes diverses ; » mais, selon nous, si les aptitudes peuvent régler la hiérarchie des fonctions, elles ne sont pas appelées à déterminer des différences dans la rétribution. *La supériorité d'intelligence ne constitue pas plus un droit que la supériorité musculaire* ; elle ne crée qu'un devoir. Il doit plus celui qui peut davantage voilà son privilège !

« On pourra objecter encore : « L'égalité tue l'émulation. »

« Rien de plus vrai dans tout système où chacun ne stipule que pour soi, où les travailleurs ne sont que juxtaposés, n'agissant qu'à un point de vue purement individuel et n'ont aucune raison d'établir entre eux ce que j'appellerais le point d'honneur du travail ; mais qui ne sait que, parmi les travailleurs associés, la paresse aurait bien vite le caractère d'infamie qui, parmi les soldats réunis, s'attache à la lâcheté ? Qu'on plante dans chaque atelier un poteau avec cette inscription : « Dans une association de frères qui travaillent, tout paresseux est un voleur. »

On le voit en lisant ceci, M. Louis Blanc ne réforme pas, il nivelle. L'égalité devant la loi, l'égalité des droits civils et politiques, ce principe proclamé par nos pères et scellé de leur sang, ne suffit plus aux socialistes du jour. Ils ne visent à rien moins qu'à l'égalité des conditions et des fortunes. L'utopie débute par rogner la main-d'œuvre, elle portera bientôt la mutilation jusque sur la propriété. La logique en fait une loi : si nul n'a le droit de gagner plus qu'un autre, comment quelqu'un serait-il reçu à posséder plus que son voisin ? Le partage des biens devient la conséquence directe du nivellement des salaires, et *l'homme aux quarante écus* est le type de la société organisée suivant le nouveau modèle.

On comprendrait que de tels rêves eussent germé dans le cerveau creux de quelqu'un de ces athées qui professent que le monde est l'œuvre du hasard ; mais M. Louis Blanc révère Newton, il admire les lois qui président à l'arrangement de l'univers : c'est déjà croire à la Providence. Or, la Providence a eu ses desseins, en n'attribuant pas des facultés égales à tous les hommes ; si elle les a fait naître avec des aptitudes diverses, c'est apparemment pour assigner à chacun sa place et pour ne pas confondre ensemble toutes les destinées. Dieu a créé l'inégalité des forces pour établir la hiérarchie, et par la hiérarchie l'ordre. Les mêmes facultés n'ont pas été données à tous les hommes, parce que les uns doivent commander et les autres obéir. Dans les premiers âges de la société, l'obéissance était imposée ; aujourd'hui elle est raisonnée et libre : voilà toute la différence. A l'origine de la civilisation, la force musculaire et le courage formaient les titres au commandement ; plus tard, la direction appartint à l'intelligence ; aujourd'hui l'intelligence ne suffit plus, et la sympathie devient nécessaire : pour guider les hommes, il faut les aimer et se dévouer à eux.

A toutes les époques de l'histoire, les peuples ont reconnu, dans les supériorités qui se manifestaient parmi eux, le doigt de la Providence. Pontifes, législateurs, guerriers, philosophes, révélateurs de l'industrie, des arts ou des sciences, toutes ces natures d'élite leur ont apparu comme les élus, comme les envoyés de Dieu. Il n'y a pas une constitution, écrite ou non écrite, gravée dans les lois ou dans les mœurs, qui ne respecte et qui ne consacre les inégalités naturelles, qui n'admette que ceux qui savent gouverner gouvernent, que ceux qui savent travailler, calculer, administrer et trafiquer parviennent à la richesse. M. Louis Blanc dira-t-il, comme ce personnage de Molière qui plaçait le cœur à droite : « Nous avons changé tout cela ? »

Les inégalités sociales sont la conséquence nécessaire des inégalités que la nature met entre les hommes. Dès qu'il existe dans le monde des forts et des faibles, des intelligences largement douées et d'autres qui réfléchissent à peine un rayon de la lumière céleste, des visages qui respirent la beauté et la noblesse, et d'autres qui semblent être le type de la laideur et de la dégradation, enfin des bons et des méchants, il devient impossible à la société, il serait injuste de placer tous les hommes sur le même rang. Ajoutons que les inégalités naturelles ne deviennent des inégalités sociales qu'à la condition du travail et de la culture. L'homme n'accomplit sa destinée qu'en s'y associant de tout l'effort de sa volonté et de sa persévérance. Ce que la Providence a fait pour lui, il faut qu'il le justifie. Pensez à la rude éducation qui donnait aux paladins du moyen-âge, pour protéger leurs vassaux, des muscles de fer comme leur armure. Songez par combien de veilles et de recherches les sages de l'antiquité avaient acquis cette haute expérience qui amenait à leur porte le monde demandant des lois. Rappelez-vous par quels prodiges de génie et de ténacité les bienfaiteurs de l'industrie, Watt et Arkwright, construisirent l'édifice de leur opulence. A travers les accidents et les erreurs inséparables de tout état social, n'est-ce pas le mérite, après tout, qui se fait jour dans le monde ?

M. Louis Blanc lui-même n'ose pas donner un démenti complet à ces règles que l'équité la plus vulgaire prescrit. S'il repousse, pour emprunter ses propres termes, *la rétribution par capacités*, il admet *la hiérarchie par capacités*. En faisant une telle concession, M. Louis Blanc se laisse conduire, à son insu, par ce principe d'ordre qui répugne à sa théorie, mais qui est inhérent à la nature humaine. Quand on a la prétention d'établir, malgré la différence des forces et des aptitudes, l'égalité des salaires, on ne peut pas reconnaître, sans inconséquence, l'inégalité des titres au commandement. Le pouvoir, en admettant que des travailleurs associés et libres aient encore besoin de chefs, doit être adjugé par le sort, et chacun d'eux doit avoir son jour : le pouvoir n'est-il pas déjà une richesse ? N'entraîne-t-il pas certaines conséquences qui détruiraient le niveau des salaires ? M. Louis Blanc ne dit-il pas lui-même quelque part que « la rémunération doit être suffisante pour rendre *possible et facile* l'exercice de la fonction ? » Ou les mots n'ont pas de sens, ou cela ne veut pas dire assurément que le président de la république socialiste sera mis à la ration que l'auteur de ce beau système assigne à l'ouvrier, savoir : huit heures de travail et cinq francs par jour.

Quand on accuse M. Louis Blanc de retrancher de l'ordre industriel l'émulation, qui est, dans toute réunion d'hommes, l'aiguillon du travail, il répond que, loin de la supprimer, il la transforme. Voyons comment. M. Louis Blanc veut établir ce qu'il appelle le *point d'honneur du travail* ; il compare les ouvriers à des soldats qui doivent, sous peine d'infamie, défendre vaillamment leur drapeau. La comparaison part d'une base inexacte. Nous ne connaissons pas d'armée qui ait supprimé entièrement dans ses rangs le ressort de l'intérêt personnel que l'on veut abolir dans les légions industrielles. Le soldat qui obéit aux lois de l'honneur a aussi devant les yeux la perspective d'un avancement légitime ; si la mort l'épargne, il enlèvera d'assaut le brevet d'officier, et il porte, comme on l'a dit, le bâton de maréchal dans sa giberne. Dans l'armée anglaise, où l'avancement est limité, pour les simples soldats, aux grades inférieurs, et où l'on met le devoir à l'ordre du jour,[1] comme l'honneur chez nous, n'a-t-on pas jugé nécessaire d'y ajouter le stimulant énergique de l'intérêt, en promettant et en allouant à tous des parts de butin[2] ? Il est des mobiles qui n'agissent pas sur les natures grossières ; à côté des sentiments et des principes, résignons-nous donc à faire état des appétits.

Tout législateur doit prendre la nature humaine comme elle est. L'amour de soi, le sentiment de conservation fait partie de nos instincts ; il faut lui opposer la sympathie et le devoir, pour empêcher qu'il ne prenne un développement exclusif et qu'il ne dégénère en égoïsme ; mais il ne faut pas se priver d'un principe d'action aussi énergique tenons compte de la personne et de la famille en organisant la société. Les lois de Dracon ne furent pas exécutées, parce qu'elles excédaient les forces de l'homme. Le stoïcisme, qui était la religion du devoir, ne convertit que les natures

---

1 *England expects every man to do his dutry.* (Paroles de Nelson)
2 *Prize money.*

d'élite ; Marc-Aurèle eut beau le faire asseoir sur le trône, il ne put pas lui communiquer cette popularité qui s'attache habituellement aux grands exemples. Le christianisme, au contraire, dès qu'il a paru, a, comme le soleil, rempli l'espace, parce que, ayant égard aux penchants de l'homme, la récompense qu'il ne donnait pas au mérite sur la terre, il la promettait dans le ciel.

Nous pensons, comme M. Louis Blanc, que la supériorité de force physique ou d'intelligence impose à ceux qui en sont doués des devoirs plus étendus. Plus la sphère des facultés humaines s'agrandit, et plus la responsabilité devient manifeste ; mais il n'y a de devoir qu'à la condition d'un droit qui y réponde. La direction de la société, dans l'ordre des richesses comme dans celui des connaissances et du pouvoir, appartient aux plus moraux et aux plus capables. C'est à eux ensuite de n'en user que dans l'intérêt du plus grand nombre. Tout va bien quand la société prend pour mot d'ordre : « A chacun suivant sa capacité, et à chaque capacité suivant ses œuvres. » Tout irait mal, si l'on venait dire : « A chacun selon ses besoins ; » car le ventre, en ce cas, régirait le monde.

L'égalité des salaires suppose l'égalité du travail, car il y aurait la même injustice à rémunérer un ouvrier pour ce qu'il ne fait pas qu'à refuser à un autre la rémunération de ce qu'il fait. Ce serait donc peu, pour appliquer le système de M. Louis Blanc, de remplacer le travail à la tâche, ce progrès de l'industrie moderne, par le travail à la journée : on devrait interdire encore à tout travailleur l'usage de ses forces et de son aptitude au-delà de la limite commune. Il ne suffirait pas de planter dans chaque atelier cette inscription : « Tout paresseux est un voleur ; » car le vol pourrait être de deux natures : un ouvrier pourrait faire tort à son voisin, soit en travaillant moins, soit en travaillant plus que lui.

Le système de M. Louis Blanc semble n'avoir été inventé que pour attacher une sourdine à l'intelligence et pour mettre un frein au développement de la production. Il a pris évidemment le travail comme une quantité limitée, puisqu'il propose de le distribuer en parts égales ; toute répartition deviendrait impossible en effet, si la somme du travail devait diminuer ou s'accroître : on ne partage pas l'inconnu. Mais supposons qu'au lieu de se borner à égaliser les salaires, la théorie aille, de plein saut, jusqu'à égaliser la richesse : qu'en résulterait-il aujourd'hui ? Le revenu annuel de la France est évalué à 8 milliards, dont l'impôt prélève déjà le sixième pour les besoins de l'état. Ce qui reste, divisé par le nombre des habitants, donnerait à peine 52 centimes par tête et par jour. Voilà, dépouillé de son prestige et fixé dans le monde réel, l'Eldorado de nos socialistes.

La division du travail, ce principe fondamental de l'industrie moderne, a un tout autre sens et une bien autre portée. Elle reconnaît et met à profit la diversité des aptitudes ; elle donne à chaque ouvrier ce qu'il peut faire, ce qu'il fait le mieux ; elle ne laisse aucune force sans emploi, et rémunère l'emploi de la force, suivant l'effet utile que cette force a produit. La division du travail tend à simplifier les opérations industrielles, à réduire les prix de revient, et par conséquent à agrandir le champ de la production. Or, c'est là le but que doit envisager la société, dans laquelle chaque siècle et chaque peuple sont tenus d'accroître la richesse aussi bien que d'augmenter les lumières.

La division du travail et l'inégalité des salaires, fournissant à chacun l'occasion d'employer de la manière la plus utile les forces et l'intelligence que l'éducation a développées en lui, ont pour effet nécessaire l'accroissement du revenu social. L'accroissement du revenu est le seul moyen de combattre efficacement la misère. Pour diminuer l'intensité du mal, M. Louis Blanc le généralise ; il appauvrit les riches sans enrichir les pauvres ; il enlève aux bons ouvriers une partie de leur salaire pour le donner aux mauvais ; il fait produire moins et moins bien. Un pareil système éteindrait l'émulation, pour favoriser la paresse ainsi que l'ignorance ; et l'on ose nous y convier au nom du progrès !

En discutant les bases de l'utopie, on ne rencontre que le faux ; mais, en arrivant à la conclusion, l'on tombe à corps perdu dans le vide. La panacée que M. Louis Blanc oppose à tous les abus, et par laquelle il prétend faire cesser le règne de la misère, n'est pas autre chose que l'institution d'ateliers sociaux fondés par l'état. Voici dans quels termes l'auteur en trace le programme.

« Le gouvernement serait considéré comme le régulateur suprême de la production et investi, pour accomplir sa tâche, d'une grande force.

« Cette tâche consisterait à se servir de l'arme même de la concurrence pour faire disparaître la concurrence.

« Le gouvernement lèverait un emprunt dont le produit serait affecté à la création d'*ateliers sociaux* dans les branches les plus importantes de l'industrie nationale.

« Cette création exigeant une mise de fonds considérable, le nombre des ateliers originaires serait rigoureusement circonscrit ; mais, en vertu de leur organisation même, ils seraient doués d'une force d'expansion immense.

« Le gouvernement étant considéré comme le fondateur unique des *ateliers sociaux*, ce serait lui qui indiquerait les statuts.

« Seraient appelés à travailler dans les *ateliers sociaux*, jusqu'à concurrence du capital primitivement rassemblé pour l'achat des instruments de travail, tous les ouvriers qui offriraient des garanties de moralité… Les salaires seraient égaux.

« Pour la première année, le gouvernement réglerait la hiérarchie des fonctions. Après la première année, les travailleurs ayant eu le temps de s'apprécier l'un l'autre, et tous étant également intéressés au succès, la hiérarchie sortirait du principe électif.

« On ferait tous les ans le compte du bénéfice net dont il serait fait trois parts. L'une serait répartie par portions égales entre les membres de l'association ; l'autre serait destinée : 1 ° à l'entretien des vieillards, des malades et des infirmes ; 2° à l'allégement des crises qui pèseraient sur d'autres industries, toutes les industries se devant aide et secours ; la troisième, enfin, serait consacrée à fournir des instruments de travail à ceux qui voudraient faire partie de l'association, de telle façon qu'elle pût s'étendre indéfiniment.

« Dans chacune de ces associations formées pour les industries qui peuvent s'exercer en grand, pourraient être admis ceux qui appartiennent à des professions que leur nature même force à s'éparpiller et à se localiser, si bien que chaque atelier social pourrait se composer de professions diverses, groupées autour d'une grande industrie, parties différentes d'un même tout, obéissant aux mêmes lois et participant aux mêmes avantages.

« Chaque membre de l'atelier social aurait droit de disposer de son salaire à sa convenance ; mais l'évidente économie et l'incontestable excellence de la vie en commun ne tarderaient pas à faire naître, de l'association des travaux, la volontaire association des besoins et des plaisirs.

« Les capitalistes seraient appelés dans l'association et toucheraient l'intérêt du capital par eux versé, lequel intérêt leur serait garanti sur le budget ; mais ils ne participeraient aux bénéfices qu'en qualité de travailleurs.

« Dans toute industrie capitale, celle des machines par exemple, ou celle de la soie, ou celle du coton, ou celle de l'imprimerie, il y aurait un atelier social faisant concurrence à l'industrie privée. La lutte serait-elle bien longue ? Non, parce que l'atelier social aurait sur tout atelier individuel l'avantage qui résulte des économies de la vie en commun et d'un mode d'organisation où tous les travailleurs sans exception sont intéressés à produire vite et bien. La lutte serait-elle subversive ? Non, parce que le gouvernement serait toujours à même d'en amortir les effets en empêchant de descendre à un niveau trop bas les produits sortis de ses ateliers. Il se servirait de la concurrence, non pas pour renverser violemment l'industrie particulière, mais pour l'amener à composition...

« Comme une même industrie ne s'exerce pas toujours au même lieu et qu'elle a différents foyers, il y aurait lieu d'établir, entre tous les ateliers appartenant au même genre d'industrie, le système d'association établi dans chaque atelier particulier ; car il serait absurde, après avoir tué la concurrence entre individus, de la laisser subsister entre corporations. Il y aurait donc, dans chaque sphère de travail que le gouvernement serait parvenu à dominer, un atelier central duquel relèveraient tous les autres en qualité d'ateliers supplémentaires. »

Après avoir écrit l'exposé que nous abrégeons ici, M. Louis Blanc jette un regard de satisfaction sur son œuvre et s'applaudit de *la simplicité de ses combinaisons*. Cette simplicité, si elle existe dans la description, ne s'étend pas assurément à la pratique. Une pareille organisation serait le chaos. Nous n'insisterons pas sur les contradictions dont ce plan fourmille ; nous n'examinerons pas s'il est juste, s'il est logique, quand on a maudit la concurrence, de s'en faire une arme, et une arme destructive, pour ramener violemment toutes les industries dans le giron de l'état. Le procédé aurait évidemment quelque chose d'infernal ; ruiner les gens pour les décider à entrer dans une association qui viserait au monopole industriel, ce serait imiter les dominicains qui préparaient par des auto-da-fé la conversion des hérétiques.

Sans nous arrêter à la raison d'équité, M. Louis Blanc ne voit-il pas que c'est peu d'empêcher à l'intérieur la concurrence entre les ouvriers d'un même atelier et entre les ateliers d'un même peuple, tant que les peuples pourront se faire concurrence entre eux par le génie industriel, par les capitaux et par la main-d'œuvre ? Voilà l'inconvénient de ces systèmes absolus que l'imagination crée de toutes pièces ; ils ne peuvent réussir, tant bien que mal, qu'à la condition vraiment trop problématique d'un consentement universel. M. Louis Blanc prétend faire de notre belle France un couvent industriel ; ce n'est pas encore assez : la règle, pour être observée, doit embrasser toute l'étendue du globe. Tant que la liberté de l'industrie existera quelque part, elle menacera l'industrie cloîtrée de sa concurrence, et la contrebande brisera, dans les mains du gouvernement, ce sceptre régulateur dont M. Louis Blanc a prétendu l'armer. Est-ce que le pacha d'Égypte, quoique propriétaire du sol, capitaliste et fermier, reste maître de fixer le prix des cotons qu'il récolte ? Le marché d'Alexandrie ne subit-il pas l'influence des marchés ouverts à la production, comme la Nouvelle-Orléans, Charlestown et New-York, ainsi que des marchés ouverts à la consommation, comme Marseille, Le Havre, Liverpool et Hambourg ?

S'il y a quelque chose d'odieux à soulever la concurrence de l'état comme une sorte de bélier pour abattre l'industrie privée, cette concurrence, organisée comme M. Louis Blanc l'entend, serait, à vrai dire, tout-à-fait impuissante. M. Louis Blanc fait intervenir le gouvernement dans la création des *ateliers sociaux* ; mais, ces ateliers établis, les ouvriers réunis en vue de l'œuvre commune, la machine montée en un mot, il retire le moteur ; les associés sont abandonnés à eux-mêmes. Là gît le défaut capital du plan. On rapproche les individus, on forme une collection des forces ; mais aucun lien ne les unit, aucun souffle ne les met en mouvement : on ne voit pas planer au-dessus de l'association l'âme qui doit donner la cohésion et la vie à cette poussière d'atomes. L'industrie dans les ateliers sociaux ressemble à la danse des morts ; encore y manquet-il un coryphée qui mène ces vivants spectres.

M. Louis Blanc croit avoir donné un principe d'agrégation à tant d'éléments hétérogènes en invoquant l'intérêt collectif ; mais l'intérêt collectif comprend les intérêts individuels : ce n'est pas une force qui ait une existence personnelle et indépendante, c'est la résultante d'autres forces. L'amour de la patrie échauffe les cœurs, parce qu'il embrasse la cité, la famille et les personnes. Faites-en quelque chose d'abstrait : il pourra toucher les philosophes, il laissera le peuple froid. En supprimant dans ses ateliers sociaux le ressort de l'intérêt individuel, M. Louis Blanc a réduit l'intérêt collectif à n'être plus qu'une lettre morte.

Il en est du travail comme de la guerre, et les ouvriers, pour dompter la matière, comme les soldats pour vaincre la résistance, ont besoin d'un chef. L'unité de direction n'est jamais plus nécessaire que là où la moindre erreur de calcul, le moindre ralentissement dans la surveillance, la moindre incertitude dans les résolutions peut changer les profits en pertes. Tant vaut l'homme, tant vaut la chose, voilà ce qu'enseigne la pratique de l'industrie. L'expérience du maître est encore plus nécessaire que celle de l'ouvrier à l'ouvrier lui-même. Supprimer les patrons, ce ne serait pas, comme on l'a dit au Luxembourg, retrancher un ouvrage inutile ; ce serait décapiter le travail et le conduire à la stérilité par l'anarchie. Au surplus, les faits ont prononcé. Tous les ateliers montés jusqu'ici par des ouvriers associés sans l'intervention d'un élément supérieur, après une gestion plus ou moins laborieuse, ont abouti à une liquidation volontaire ou à la faillite. S'il fallait produire des exemples, on n'aurait que l'embarras du choix.

On allègue les avantages que donnerait à une association d'ouvriers l'économie de la vie prise en commun. Cette économie est compatible avec tous les systèmes de travail. Un manufacturier peut la procurer aux ouvriers qu'il emploie aussi aisément que ceux-ci, dans un atelier social ou national, se la donneraient eux-mêmes. J'ai vu, en 1833, à la Sauvagère près de Lyon, quatre cents ouvriers prendre leurs repas dans un réfectoire commun où le dîner de chacun coûtait 35 à 40 centimes. Quant au logement en commun, il me paraît beaucoup moins séduisant, et, en définitive, moins avantageux. Il suppose la vie cénobitique. Pour faire vivre ensemble, à toutes les heures du jour et de la nuit, plusieurs familles, il faudrait toute l'énergie du sentiment religieux le plus exalté. La discorde entre les hommes et la promiscuité des femmes seraient les premiers effets de la vie commune dans les phalanstères.

Allons plus loin. En généralisant l'association des travailleurs jusqu'à l'égaler en étendue à l'état lui-même, on détruirait l'esprit d'association. L'intérêt de réunir ensemble des sentiments, des capitaux, des efforts n'existerait plus, du moment que le pouvoir se chargerait de penser, de prévoir et d'agir pour tout le monde. Sans doute, il pourrait arriver que l'on prévînt ainsi, en cas de succès, des misères accidentelles et partielles ; mais, lorsque des individus ou des associations privées se trompent en matière d'industrie, ces mécomptes ne frappent que des individus ou des localités. Supposez le gouvernement directeur de l'industrie ; les erreurs se produiront sur une plus grande échelle, la ruine frappera le pays tout entier, une faillite sera un véritable cataclysme.

En faisant de l'état le chef de l'atelier social, M. Louis Blanc l'a évidemment supposé infaillible ; il l'a placé dans ces régions élevées d'où l'on peut apercevoir et par conséquent régler les destinées du genre humain. Par une témérité qu'explique seul l'élan des révolutions, il l'a égalé à la Providence. Voilà le rêve, voilà de quelle hauteur il faudra descendre pour se placer dans la triste réalité.

Nous avons examiné la théorie de M. Louis Blanc ; il nous reste à la voir à l'œuvre. Après l'auteur, viendra le dictateur.

Deuxième partie

Le jour où la monarchie s'abîmait, frappée de terreur et comme paralysée dans ses moyens de résistance, sans provoquer un effort de la part de cette classe bourgeoise dont elle avait fait son point d'appui, et sous la rude main d'une multitude qui n'avait qu'à se présenter pour vaincre ; dans l'émotion qui suivit le combat, au milieu de cette population soulevée qui cherchait à organiser sa victoire, les chefs que la voix publique improvisait semblent avoir éprouvé, dans leur dévouement, moins d'enthousiasme encore que de crainte. Ils n'ont pas senti en eux cette sublime confiance qui fait passer l'âme de la nation dans l'âme de ceux qui la conduisent. Ils ont cru apparemment qu'aucune puissance humaine n'était capable de diriger la force immense qu'ils voyaient déchaînée, car ils se sont abandonnés à tous les mouvements du flot populaire. Sans l'héroïque, mais accidentelle fermeté, avec laquelle M. de Lamartine, à travers les balles et sous la pointe des baïonnettes, protesta contre le drapeau rouge, ce flot, qui débordait d'heure en heure, allait les emporter, et avec eux les derniers débris de l'ordre.

A l'exemple des tribus sauvages qui, dans leur naïve ignorance, adorent les éléments qu'elles voudraient conjurer, certains membres du gouvernement provisoire ont traité le peuple comme une idole à laquelle il fallait sacrifier, entre autres holocaustes, les bases fondamentales de la société. Au lieu de faire appel à la noblesse, à la générosité de ses sentiments, on n'a songé qu'à exalter son orgueil et qu'à désarmer sa colère. On a mis le gouvernement à ses pieds ; on lui a tenu, comme pour le tenter, ce langage que l'esprit du mal tient au Christ dans l'Évangile : « Le pouvoir t'appartient. Regarde ces villes, ces châteaux, ces richesses ; tout cela est à toi ; » et si le peuple, malgré les flatteries dont on l'enivrait, n'a pas oublié qu'il avait des devoirs aussi bien que des droits, il faut l'attribuer à sa nature, qui est d'une bonne trempe, et aux lumières de notre époque, qui condamnent trop hautement les excès pour que les excès deviennent possibles.

La monarchie a été le gouvernement des classes moyennes, gouvernement égoïste et exclusif ; veut-on nous donner une république tout aussi exclusive ? Avons-nous fait une dernière révolution pour substituer la domination d'une classe à celle d'une autre classe, ou plutôt pour remplacer le privilège par le droit, pour confondre la bourgeoisie et le peuple dans l'unité fraternelle de la nation ? Pourquoi perpétuer une distinction qui n'a plus de sens, en opposant les ouvriers aux maîtres ? Pourquoi dire aux uns qu'ils sont les vainqueurs, et aux autres qu'ils sont les vaincus, comme si la monarchie avait dû entraîner la moitié de la société dans sa chute ? Pourquoi scinder la France en deux camps ennemis, comme si nous pouvions nous dévorer les uns les autres, sans que l'Europe vînt prendre part à la curée ? On abolit les titres, on proclame la déchéance des lumières, on méconnaît les services rendus, et l'on créerait un nouveau droit de naissance ! L'aristocratie de la blouse, pour emprunter une expression déjà consacrée, supplanterait toutes les aristocraties ! Ce serait donner gain de cause à ceux qui ont comparé, avec une funeste joie, l'avènement du peuple à l'invasion des barbares.

La monarchie a corrompu les classes moyennes en leur livrant le pays à exploiter. Est-il à propos de répandre la même corruption dans les rangs des classes laborieuses ? Le pouvoir pense avoir gardé sa dignité, parce qu'il ne les a pas ouvertement conviées au partage des honneurs et des places ; mais n'a-t-il pas à se reprocher d'avoir excité en bas cette ambition de la richesse qui avait exercé en haut une influence démoralisante ? La révolution, qui se montre si grande et si pure partout où notre exemple l'a propagée, en Italie, en Allemagne, ne va-t-elle point pâlir et descendre en se concentrant chez nous dans des questions de pot-au-feu ? Je suis transporté d'admiration, lorsque j'entends les véritables ouvriers s'écrier : « Nous avons trois mois de misère au service de la république ; » mais j'éprouve un tout autre sentiment, lorsque je lis dans le premier décret de la république, décret qui porte la signature de M. Louis Blanc : « Le gouvernement provisoire rend aux ouvriers, *auxquels il appartient*, le million qui va échoir de la liste civile. » Si l'on entend faire de ce million une aumône aux combattants des barricades, on les insulte ; on déshonore leur triomphe, si c'est là une part du butin. Dans tous les cas, l'argent versé par les contribuables n'appartient en propriété à aucune classe d'hommes ; en perdant sa destination légale, il doit faire retour à l'état.

Le gouvernement, qui représente les droits de tous les citoyens, est le tuteur obligé de ceux qui se trouvent les plus maltraités par la nature ou par la fortune. Il personnifie à leur égard la prévoyance et la fraternité sociales. De même que dans la famille la sollicitude des parents s'attache de préférence aux enfants les moins robustes ou les plus jeunes, ainsi, dans la famille politique, l'état, au nom et comme mandataire des aînés de l'intelligence et de la richesse, doit tendre la main à tous ceux qui ont besoin de conseil et d'appui. Le sort des classes laborieuses et les conditions du travail ont droit à sa première pensée. Il faut que les gouvernements se montrent jaloux du bien-être du plus grand nombre avec la même ardeur que le pouvoir en avait mis jusqu'ici à rechercher des avantages commerciaux ou des accroissements de territoire. Cette préoccupation devient surtout légitime au lendemain d'une révolution qui a déplacé beaucoup d'existences, et qui a rendu plus précaires les ressources de chacun ; car la sympathie des uns se mesure naturellement à la faiblesse des autres.

Il convenait à un gouvernement républicain d'arborer bien haut ce principe. Cependant, si nous approuvons la tendance, nous n'accorderons pas le même éloge aux moyens d'exécution. Que le gouvernement provisoire s'occupe du sort des travailleurs, c'est son devoir encore plus que son droit ; mais il n'y avait ni nécessité ni opportunité à mettre les travailleurs en demeure de s'en occuper eux-mêmes. Je comprends l'agitation quand on veut renverser un obstacle ; je ne la conçois plus le jour où il est question de fonder, de constituer, d'organiser. Rien de ce que l'on improvise n'est durable. Les réformes sérieuses et solides demandent de la réflexion et de la maturité. On reproche à la chambre de 1830 d'avoir bâclé en quelques jours une charte politique, et l'on voudrait aujourd'hui faire bâcler la charte du travail au hasard par je ne sais quelle assemblée populaire ! On appellerait les passions du moment à trancher des problèmes sur lesquels l'expérience avait projeté longtemps les clartés les plus vives, sans en dégager l'inconnue !

Dans les derniers jours de février, un combattant, un ouvrier, qui avait pris au pied de la lettre ces belles promesses, pénétra dans la salle où siégeait le gouvernement provisoire, réclamant impérativement et sur l'heure l'organisation du travail. On lui représenta d'abord qu'il fallait du temps pour préparer un système ;

puis, comme il insistait « Asseyez-vous là, lui dit M. Louis Blanc lui-même, prenez une plume et donnez-nous vos idées. — Je ne sais pas écrire. — Qu'à cela ne tienne, je vous servirai de secrétaire ; dictez. » L'ouvrier dicta ces mots sacramentels qui forment la tête du chapitre socialiste : « organisation du travail ; » mais il ne trouva rien au-delà. « Vous voyez bien, reprit son interlocuteur, que l'organisation du travail n'est pas une chose si facile. » L'ouvrier, cependant, aurait pu mettre les rieurs de son côté et renvoyer la leçon au gouvernement provisoire. Il ne réclamait en effet que ce qui lui avait été promis ; il se montrait pressé, parce que l'on avait excité son impatience ; il supposait le problème résolu, parce qu'on l'avait convié, avec tant d'autres, à mettre la main à l'œuvre. L'humble maçon arrivait avec sa truelle, demandant à grands cris à voir le plan et à connaître l'architecte ; pourquoi l'arracher à son labeur quotidien, si l'on n'avait à bâtir qu'une ville dans les nues ?

Par un décret en date du 25 février, le gouvernement provisoire a déclaré que « la république s'engageait à garantir du travail à tous les citoyens, et l'existence de l'ouvrier par le travail. » En d'autres termes, il a proclamé ce que l'on est convenu d'appeler, dans l'école sociétaire, « le droit au travail. » Mais le gouvernement ne pouvait pas s'en tenir au principe abstrait, à une formule philosophique. Reconnaître à tous les citoyens le droit d'exiger que la société les fasse travailler, c'est admettre par cela seul que la société doit les nourrir. Nous voyons donc sans la moindre surprise qu'en garantissant le travail à l'ouvrier, le gouvernement provisoire lui ait aussi garanti l'existence ; mais il faut voir où cela conduit. En proclamant le droit au travail, MM. Garnier-Pagès et Louis Blanc ont érigé l'état en assureur de toutes les fortunes et en entrepreneur de toutes les industries ; ils ont décrété implicitement un maximum pour le prix des denrées, et un minimum pour le taux des salaires. Voilà le baptême par lequel ils ont consacré le pouvoir nouveau.

Le droit au travail est une question mal posée. Je rends hommage aux intentions de ceux qui ont prétendu l'ériger en principe ; en appelant la société au soulagement des misères individuelles, ils ne veulent pas avoir l'air de provoquer ni d'encourager l'oisiveté. Ils demandent du travail comme au moyen-âge on demandait l'aumône ; aux largesses des couvents, ils substituent celles des ateliers nationaux. La taxe des pauvres était déjà un progrès sur la subvention allouée à la mendicité par les ordres religieux ; fera-t-on un pas de plus, et sera-ce un pas en avant que d'imposer à la société une sorte de taxe des salaires ?

Le droit au travail suppose l'existence permanente, la puissance indéfinie de la production, quelles que soient les circonstances, et quelle que puisse être l'organisation de la société. Quelle valeur aurait en effet un principe que l'on placerait en dehors des réglons du possible ? Or, il n'existe pas d'état social qui assure la permanence, ni la régularité même de la production. Qu'une crise commerciale survienne, ou qu'un ralentissement quelconque dans la consommation rende l'offre supérieure à la demande, et vous verrez un certain nombre d'ateliers diminuer ou suspendre leur activité. L'industrie, comme l'année solaire a ses saisons, et la moisson du travail, comme celle des fruits de la terre, a ses années de stérilité ainsi que ses années d'abondance.

La prévoyance de l'homme tient en réserve pour ces moments difficiles les capitaux accumulés par l'épargne ; mais elle ne rend pas à volonté l'impulsion à la puissance qui produit, et elle ne crée pas le travail d'un coup de sa baguette. L'homme peut toujours employer son intelligence et ses bras ; mais le mouvement est autre chose que le travail. L'écureuil ne travaille pas en faisant tourner la roue de sa Vie ; les mouvements du prisonnier dans le *tread-mill* sont de la force dépensée en pure perte ; l'antiquité mystique, dans cette image qu'elle nous présente de Sisyphe roulant jusqu'au sommet d'une montagne un rocher qui retombe sans cesse, n'a pas entendu nous peindre un travailleur ; elle n'a montré aux regards qu'un condamné et des tortures.

Le travail, c'est l'emploi utile des forces ; on le reconnaît à ses produits. Le laboureur travaille quand il déchire le sol en y enfonçant la charrue pour le préparer à recevoir la semence, quand il arrache les herbes parasites qui étoufferaient le bon grain, et quand il creuse des fossés pour l'écoulement des eaux qui détruiraient, en séjournant dans les champs cultivés, la fécondité de la terre. L'ouvrier travaille en tissant la toile ou en foulant le drap, le terrassier ou *navigateur* travaille quand il nivelle les routes, creuse les canaux ou construit les chemins de fer, qui, en facilitant la circulation des produits, en augmentent aussi la valeur ; mais les quarante mille travailleurs que l'on occupe, depuis les journées de février, à remuer des terres au Champ-de-Mars et aux Champs-Élysées, ne travaillent pas, car il ne peut résulter pour le pays aucun avantage de cet immense déploiement de pioches, de brouettes et de bras.

Pour créer à volonté la production, il faudrait être en mesure de développer la consommation et d'en reculer devant soi les limites, car les produits les plus nécessaires n'ont de valeur que par l'usage que l'on en fait. Que servirait, par exemple, d'entasser des montagnes de blé ou des troupeaux de bœufs dans une ville déserte, et à quoi bon les richesses du Mexique dans des circonstances où un kilogramme d'argent ne procurerait pas une once de pain ? Si les difficultés devaient cesser quand on a dit que l'ouvrier a droit au travail, la recette serait bien simple : l'état n'aurait qu'à fournir des fonds aux ateliers qui seraient au moment de s'arrêter et qu'à ordonner aux fabricants de produire ; mais ce n'est pas tout de fabriquer : il faut vendre, il faut trouver des acheteurs pour les marchandises que l'on crée, et non ajouter à l'encombrement stérile des dépôts ; il ne faut pas que la production augmente précisément lorsque le marché se ferme ou se restreint. Ajouter en pareil cas, à la masse des produits, c'est les avilir. Pour soulager les souffrances du présent, on lègue ainsi de nouveaux embarras à un avenir très prochain. L'on retarde enfin l'heure où, après avoir liquidé leurs désastres passés, le commerce et l'industrie vont se remettre en marche.

Je sais que la misère et le crime ont leur budget qui envahit, dans les crises industrielles, si la société n'y met ordre, le terrain que perd le travail. À mesure que les uns chôment et que les ateliers se ferment, on voit augmenter d'heure en heure la population des dépôts de mendicité, des hospices et des prisons. Il y a là comme un tribut que nous devons payer, sous une forme ou sous une autre, à la gravité des circonstances. La subvention que l'on refuse ou que l'on ne peut pas donner aux ateliers est réclamée par les bureaux de bienfaisance et par la justice répressive. Il y a perte certaine pour la moralité, sans compensation aucune pour la richesse du pays. La politique et l'humanité conseillent donc au gouvernement, lorsque l'industrie souffre, de ne pas laisser les forces qu'elle employait inactives. En pareil cas, les ouvriers qui sont forcés de quitter les manufactures se réfugient dans les chantiers ouverts sur les voies de communication ; mais cet expédient est précaire, et, à quelques égards, contre nature. Les ouvriers fileurs ou tisseurs, les bijoutiers et même les forgerons font de la triste besogne quand on les appelle à remuer de la terre, pour trancher les collines ou pour former des remblais. En outre, on ne peut pas organiser ces travaux sur une grande échelle. Le gouvernement britannique l'a tenté en Irlande, où près de deux millions d'ouvriers, pendant l'hiver de 1847, étaient employés à réparer ou à construire des routes. Ces grands rassemblements d'hommes, pour lesquels il fallait tout improviser, n'ont produit que gaspillage et désordre. Plutôt que de continuer des travaux qui n'avaient aucun résultat utile, le gouvernement anglais a préféré nourrir l'Irlande dans une complète oisiveté.

Plus la civilisation avance, et plus la puissance du gouvernement s'accroît dans la société ; plus il est puissant, et plus il doit être humain. Néanmoins, en le mettant en demeure d'embrasser dans sa prévoyance toutes les infortunes et tous les accidents de la vie, on lui décernerait une sorte d'omnipotence. La république élargit, il est vrai, la base du pouvoir, mais le pouvoir de tous est encore borné et faillible comme tout ce qui tient à l'humanité.

Quand on pose une question de droit sans indiquer la limite, sans mettre le devoir à côté, l'on pose une question de violence. Si vous dites que les ouvriers ont droit au travail et par le travail à l'existence, vous reconnaissez alors que tous ceux qui sont mécontents de leur sort peuvent prendre la société à partie ; vous les encouragez à proclamer cette devise qui a fait couler tant de sang à Lyon : « Vivre en travaillant ou mourir en combattant ; » vous relevez, suivant une parole bien imprudente de M. Louis Blanc, l'étendard de Spartacus ; vous appelez à l'insurrection, pour continuer la métaphore, les esclaves de la faim, et sachez-le bien, dût votre cœur en frémir, vous donnez le signal de la guerre sociale.

Le christianisme, tel que le comprenaient les premiers apôtres, prêchait le renoncement absolu aux biens de ce monde : c'était immoler l'individu à la société. Les apôtres du socialisme nouveau, en recommandant à l'homme la recherche exclusive du bonheur, en mettant en première ligne, dans leur code, les droits de la personne, immolent la société à l'individu. L'une et l'autre doctrine dans l'application seraient également dangereuses : quand on enseigne à l'homme qu'il doit tout souffrir, l'on condamne la liberté, la richesse et l'industrie ; quand on lui apprend, à cet être dont la vie est semée de douleurs, qu'il doit écarter à tout prix la misère et la souffrance, on lui interdit la vertu.

C'était peu de proclamer le droit au travail. Le gouvernement provisoire a prétendu changer les conditions du travail dans la société. Ce qui eût semblé déjà téméraire par un temps prospère et pour un nid à expériences comme la principauté de Monaco ou la république de Saint-Marin, on va le tenter au milieu d'un état social battu par la tempête et pour une république de trente-six millions d'habitants ! Pourquoi pas ? Nos modernes Archimèdes n'ont-ils pas trouvé le levier avec lequel on peut soulever le monde ? Voici les considérants du décret qui institue la commission des travailleurs :

« Considérant que la révolution faite par le peuple doit être faite pour lui ; qu'il est temps de mettre un terme aux longues et iniques souffrances des travailleurs ; que la question du travail est d'une importance suprême, qu'il n'en est pas de plus haute, de plus digne des préoccupations d'un gouvernement républicain ; qu'il appartient surtout à la France d'étudier ardemment et de résoudre un problème posé aujourd'hui chez toutes les nations industrielles de l'Europe ; qu'il faut aviser, sans le moindre retard, à garantir au peuple le fruit de son travail ;

« Le gouvernement provisoire de la république arrête :

« Une commission permanente, qui sera intitulée : *Commission du gouvernement pour les travailleurs*, va être nommée avec mission expresse de s'occuper de leur sort.

« Pour montrer quelle importance le gouvernement de la république attache à ce grand problème, il nomme président de la commission du gouvernement pour les travailleurs un de ses membres. M. Louis Blanc, et pour vice-président un autre de ses membres, M. Albert, ouvrier.

« Des ouvriers seront appelés à faire partie de la commission. Le siège de la commission sera au palais du Luxembourg. »

LOUIS BLANC, ARMAND MARRAST, GARNIER-PAGÈS.

Voilà quels ont été les humbles débuts du pouvoir qui exerce déjà un si fatal ascendant sur nos destinées. Inventée pour servir de centre aux études du gouvernement et des ouvriers eux-mêmes, cette commission consultative est bientôt devenue un instrument d'action, un véritable comité de salut public. Ses délibérations ne portaient d'abord que sur des questions générales, mais elle n'a pas tardé à intervenir dans les différends des ouvriers avec les patrons et à s'ériger en arbitre ; enfin, elle a rendu des décrets qui prescrivent des règles et qui prononcent des peines. Aujourd'hui, son président a une armée derrière lui, et il absorbe en lui le gouvernement, dont ses collègues ne sont plus que les ministres.

En exposant ces faits, je ne blâme pas, je raconte. A la rigueur, il suffirait à la commission, pour expliquer cette usurpation rapide et complète, d'invoquer les lois de la nécessité. Le gouvernement est chargé non d'étudier, mais d'agir. Dès que l'on donnait à M. Louis Blanc une question à examiner, il devait se sentir entraîné à la résoudre. Dès que cette question embrassait le domaine actif de la société, on lui décernait la dictature. Il ne reste donc plus qu'à rechercher s'il en a fait usage dans l'intérêt de la vérité, du pouvoir et du pays.

La commission du travail, ou, pour emprunter le style barbare du décret, la *commission pour les travailleurs*, est, sans contredit, animée d'un amour sincère du bien ; mais ses premiers actes ne respirent pas une grande sagesse. Les discours de M. Louis Blanc sont exagérés et violents ; ses résolutions, sans mesure. Il recommence périodiquement le même exposé d'une théorie, au bout de laquelle ne se présente jamais une conclusion tant soit peu pratique. A chaque pas qu'il fait, on sent l'hésitation, le décousu, l'absence de plan. L'industrie est abandonnée ainsi à une direction qui accuse les défauts les plus opposés : les tâtonnements dans l'arbitraire.

Mais de quels éléments se compose cet aréopage industriel ? M. Louis Blanc, cédant à des préoccupations exclusives, n'y avait d'abord appelé que les délégués des ouvriers ; on se ravisa cependant, et « considérant, dit naïvement l'arrêté, qu'il est juste qu'à leur tour les délégués des patrons ou chefs d'industrie soient convoqués, » on indiqua pour ceux-ci une réunion qui n'eut lieu que le 17 mars, dix-sept jours après la première réunion des ouvriers eux-mêmes. Dans l'intervalle, la commission crut devoir s'entourer des hommes compétents (car c'est ainsi que *le Moniteur* les désigne), et ces hommes compétents furent pris, non pas parmi les chefs d'industrie que recommandait une longue expérience, non pas parmi les économistes sérieux, les historiens ou les philosophes, mais parmi les socialistes, dont le bon sens national avait constamment repoussé les utopies. Maintenant, la commission a ses grands jours, dans lesquels son président tient une espèce de lit de justice pour faire comparaître la société à sa barre ; les délégués y siègent, mais en personnages à peu près muets, et sans autre fonction apparente que celle d'acclamer. En dehors de ces solennités du travail figurent les comités auxquels assistent, avec voix délibérative, les délégués des délégués, que l'on choisit, pour plus d'égalité, par la voie du sort. Là se débattent les problèmes dont la solution a été renvoyée à la commission. Quant ait compte-rendu de ces débats à huis-clos, il n'est publié dans *le Moniteur*, encore avec force corrections et mutilations,[1] que lorsqu'il convient au président et au vice-président de le produire.[2]

Quelles étaient, sous l'influence des premiers décrets du gouvernement provisoire et au moment où la commission du travail a pris possession du Luxembourg, les principales demandes des ouvriers, la rançon de la société, les conditions que faisaient les combattants pour poser les armes ? Ces demandes peuvent se réduire à quatre principales, savoir : la diminution de la durée du travail, l'abolition du marchandage, l'élection par les ouvriers des contre-maîtres et même des chefs de service, enfin la participation des ouvriers et des employés aux bénéfices des entrepreneurs et des capitalistes. Supposez un temps plus calme et un gouvernement de sang-froid : l'on eût cherché à faire comprendre aux ouvriers à quel point de pareilles prétentions allaient contre leurs intérêts véritables. La commission qui siège au Luxembourg n'en a repoussé aucune : elle accorde sa tolérance à celles qui n'obtiennent pas sa

1 C'est ainsi que *le Moniteur*, dans le compte-rendu de la séance du 20 mars, tronque et défigure l'opinion défendue par M. Wolowski. L'impartialité et l'exactitude semblaient cependant de rigueur, en parlant d'un homme qui avait eu le courage de lutter seul durant près de quatre heures contre tous les socialistes réunis autour de M. Louis Blanc.

2 C'est ainsi que *le Moniteur* a passé sous silence une séance postérieure, dans laquelle NMM. Pereire, Lechâtelier et Wolovski avaient combattu, avec l'autorité du talent et de l'expérience, les idées de M. Louis Blanc sur les chemins de fer.

sanction. Voici le premier décret et le plus grave, il porte la date du 1ᵉʳ mars :

« Sur le rapport de la commission du gouvernement pour les travailleurs, considérant

« 1 ° Qu'un travail manuel trop prolongé non-seulement ruine la santé du travailleur, mais encore, en l'empêchant de cultiver son intelligence, porte atteinte à la dignité de l'homme ;

« 2° Que l'exploitation des ouvriers par les sous-entrepreneurs ouvriers, dits *marchandeurs ou tâcherons*, est essentiellement injuste, vexatoire et contraire au principe de la fraternité ;

« Le gouvernement provisoire de la république décrète :

« 1° La journée de travail est diminuée d'une heure. En conséquence, à Paris, où elle était de onze heures, elle est réduite à dix, et en province, où elle avait été jusqu'ici de douze heures, elle est réduite à onze ;

« 2° L'exploitation des ouvriers par les sous-entrepreneurs, ou marchandage, est abolie.

« Il est bien entendu que les associations d'ouvriers qui n'ont point pour objet l'exploitation des ouvriers les uns par les autres ne sont pas considérées comme marchandage. »

Le décret du gouvernement provisoire n'admet pas, pour la durée du travail dans la capitale, la même limite qui est posée, dans les départements, aux labeurs de chaque jour. L'ouvrier de province doit rester assujetti à une corvée quotidienne de onze heures, tandis que la tâche de l'ouvrier parisien n'excédera pas dix heures. Pourquoi faire deux catégories de travailleurs pour la France, et sur quelle raison de droit ou de fait se fonde ici l'inégalité de traitement ? Ce n'est pas le gouvernement républicain qui peut distinguer entre les provinces ni entre les habitants des villes et des campagnes. Aux yeux du pouvoir comme devant la loi, tous les citoyens ont les mêmes droits, et la faveur que l'on accorderait aux uns deviendrait une injustice à l'égard des autres.

Comme tous les grands centres de richesse et de consommation, Paris attire les ouvriers les plus habiles, à la condition de les rémunérer par des salaires plus élevés ; nais ce n'est pas là un privilège gratuit. Si l'ouvrier de Paris est mieux rétribué, il travaille aussi davantage. En fait, la durée du travail est communément de douze heures dans les ateliers de la capitale, et ces douze heures, par l'activité que l'ouvrier déploie, en valent treize ou quatorze. Le travailleur parisien est peut-être la seule espèce d'hommes qui rivalise d'ardeur et de persévérance avec le travailleur anglais. En réduisant à dix heures la durée du travail quotidien dans la métropole de notre industrie, on a donc diminué la journée non d'une heure, mais de deux heures ; dans tous les ateliers auxquels le décret peut être applicable, l'on retranche un sixième ou tout au moins un septième de la production.

Je sais que les ouvriers, vers la fin d'une journée qui se prolonge, ne font que des efforts languissants, et qu'ils ne produisent pas tout ce qu'ils pourraient produire. Le sentiment de la fatigue l'emporte, dans ces moments, sur celui du devoir et même sur celui de l'intérêt personnel. En retranchant deux heures de la journée, l'on ne retranche donc pas une quantité proportionnelle de travail ; ce résultat est démontré par de nombreuses et concluantes expériences ; néanmoins, au total, il doit exister une différence très sensible dans les résultats. Deux heures de travail supprimées équivaudront toujours, pour l'effet utile de la production et pour la richesse du pays, à une diminution quelconque. On aura peut-être soulagé l'ouvrier, mais on aura laissé une force très réelle sans emploi.

Le courant auquel on oppose une digue artificielle finit toujours par s'ouvrir une autre issue. La production ne diminuera pas assurément parce qu'il aura plu au gouvernement de réduire la durée du travail dans les manufactures ; car les besoins de la société restent les mêmes, et les producteurs doivent toujours y pourvoir. Cependant, si l'on gêne les manufacturiers dans l'emploi des ouvriers, ils remplaceront les ouvriers par des machines. C'est ainsi que les coalitions et les exigences incessantes des ouvriers fileurs en Angleterre ont amené les filateurs à doubler la longueur des *mule-jennys* et à les porter de trois cents broches à sept cents, ou à se servir de ces machines à filer qui semblent se mouvoir d'elles-mêmes et que les ouvriers anglais désignent par le sobriquet de *fileurs en fer*. Si le décret qui réduit la journée de travail à dix heures survit aux circonstances exceptionnelles qui l'ont inspiré, il est probable que les fabricants feront face à la difficulté par un accroissement de leurs moyens mécaniques. Dans ce cas, la production restera la même ; mais le rapport du capital fixe au capital roulant devra se modifier, le manufacturier dépensera en matériel ce qu'il ne voudra pas dépenser en salaires.

En réduisant, par un acte du législateur, la durée du travail, on veut ménager les forces de l'ouvrier et lui donner le temps de cultiver son intelligence. C'est là une pensée qui ne rencontrera que des sympathies ; mais les moyens que l'on prend répondent-ils au but que l'on se propose, et suffit-il, pour que le travail s'arrête, de dire au travailleur : « Tu n'iras pas plus loin ? » Le décret du 1ᵉʳ mars n'a pas de sanction. En supposant que l'on oblige la grande industrie, celle qui agglomère les ouvriers par centaines dans une manufacture, dans une usine ou dans un atelier, et qui fait dépendre l'action des bras de celle des machines, à ne travailler que dix ou onze heures, comment imposera-t-on la même loi aux ouvriers infiniment plus nombreux qui exercent leur activité dans l'étroite enceinte d'une échoppe ou d'une mansarde, aux ouvriers des champs à qui les saisons mesurent le travail, à ces femmes qui vivent de leur aiguille, à ces tisserands qui promènent la navette sur le métier quinze ou seize heures par jour ? Le décret va rendre la prépondérance dans l'industrie au travail parcellaire. L'ouvrier domestique pouvant, loin du contrôle que le gouvernement exerce, travailler plus longtemps que l'ouvrier des manufactures, lui fera une concurrence terrible de souffrances et de privations. On verra s'étendre à la France entière l'état social de la Saxe et de l'Irlande. Réduire par ordre la durée du travail, ce ne sera pas seulement contrarier et diminuer la production ; ce sera, de plus, diminuer le salaire, enlever à la population ses moyens naturels d'existence, augmenter la misère et provoquer le désordre. Encore faudrait-il avoir sur le pays un droit de conquête pour sonner ainsi partout le couvre-feu.

Le parlement britannique, en abrégeant la durée du travail dans les grands ateliers, pour les enfants, pour les jeunes gens et pour les femmes, n'avait pas entendu exercer la plus légère influence sur le taux des salaires. L'acte du 8 juin 1847, le plus rigoureux dans cette longue série de lois, laisse pourtant aux transactions entre le maître et l'ouvrier la liberté la plus entière. La réforme que la clameur publique imposait, mais dont les ouvriers avaient pris l'initiative, s'accomplit, de l'autre côté de la Manche, à leurs risques et périls. Ici, nous allons bien au-delà de ce qui s'est fait en Angleterre. Le décret du 1er mars ne se borne pas, comme les lois anglaises, à protéger contre les abus du travail les êtres faibles qui ne peuvent pas se protéger eux-mêmes ; il stipule pour les adultes, pour ceux qui ont acquis avec l'âge la plénitude de leurs forces, de leur réflexion et de leur liberté. C'était peu de régler la durée du travail ; on aggrave la difficulté en réglementant les salaires. A la vérité, le décret ne s'explique pas sur ce point délicat ; mais les conférences qui en ont précédé la promulgation, et le commentaire que les exigences, victorieuses des ouvriers en ont donné, ont fait cesser toute équivoque.

C'est une préoccupation constante pour les ouvriers de tous les pays que l'ambition de déterminer à leur gré et de rendre en quelque sorte permanent le taux des salaires. L'ignorance et les préjugés entrent pour beaucoup dans cette direction que suivent leurs idées ; mais il faut voir aussi sous l'empire de quelle nécessité ils tentent d'escalader l'impossible. La classe moyenne, plus éclairée cependant et plus riche que les classes laborieuses, recherche avec avidité les emplois dont le gouvernement dispose. Depuis qu'elle occupe le pouvoir, elle a multiplié les places jusqu'à faire des employés une nation dans la nation. D'où vient cette faveur dont les fonctions publiques jouissent ? Pourquoi les préfère-t-on à des industries plus lucratives, si ce n'est parce qu'elles sont plus solides et qu'elles participent plus ou moins du caractère de l'inamovibilité ? La fixité du salaire exerce sur l'ouvrier la même fascination et à plus juste titre. L'ouvrier n'a pas un capital en réserve qui le soutienne dans les mauvais jours et contre les mauvaises chances de l'industrie. Il ne fait pas volontiers des épargnes dans les temps prospères. S'il consent à prélever une faible dîme sur le salaire, c'est pour contribuer au fonds de secours auquel il puise en cas de maladie. Comme ressource contre de précoces infirmités ou contre la vieillesse, n'a-t-il pas les hôpitaux, dans lesquels se réfugie une si grande partie de la population urbaine et où vient mourir la moitié de Paris ?

La devise de la civilisation parvenue à son âge viril : « Aide-toi, le ciel t'aidera, » n'est pas encore entrée dans nos mœurs.[1] Les classes moyennes, pour lutter contre les nécessités matérielles de l'existence, éprouvent toujours le besoin de s'appuyer sur le gouvernement ; les classes laborieuses, comme des enfants qui s'abritent derrière leur mère, chargent la société de prévoir à leur place, et se reposent sur elle dans toutes les crises du travail. L'âge de la force et de l'habileté pratique pour l'ouvrier ne dure pas, selon les professions, plus de vingt à trente ans. C'est pour cette période de la vie qu'il demande un salaire fixe et proportionné aux besoins de sa famille, qu'il aspire, en un mot, à la condition de pensionnaire de l'industrie.

Les classes laborieuses ont poursuivi cet idéal sous diverses formes. Pendant longtemps, et lorsque le souvenir des corporations n'était pas encore effacé, elles demandaient que l'état promulguât des tarifs obligatoires et uniformes, soit pour le travail à la tâche, soit pour le travail à la journée. Ce fut ainsi que les tisserands de Londres provoquèrent l'acte éphémère de Spitalfields. De la même manière, les ouvriers de Lyon, un moment maîtres de la ville en 1832, imposèrent à la municipalité vaincue un tarif des façons qui ne serait pas resté en vigueur pendant trois mois, quand même l'autorité supérieure aurait revêtu de sa sanction cette violence faite à la liberté industrielle. Aujourd'hui les ouvriers ne demandent plus directement la permanence des salaires ; c'est sous une forme indirecte, c'est par la réduction des heures de travail combinée avec le maintien des prix actuels, qu'ils s'efforcent de convertir les salaires en traitements réguliers.

Les variations du salaire, dans l'état de l'industrie et de la société, sont à peu près mortelles pour les classes laborieuses. Il faut donc rendre ces classes prévoyantes et au besoin prévoir pour elles. L'état, qui doit se borner à une attitude d'observation dans les temps prospères, a certainement, dans les époques de crise, un rôle actif à remplir ; mais il est insensé de l'appeler, comme on le fait aujourd'hui, en garantie du salaire, car la justice distributive exigerait qu'après avoir garanti le prix du travail, il assurât la rémunération de l'intelligence et le loyer du capital. Quelle valeur pourrait avoir la garantie de l'état, si elle s'étendait à tous les rouages

---

1 La formule anglaise est plus positive, mais elle a une couleur moins religieuse *Help yourself.* l'Anglais ne compte que sur lui-même et supprime l'assistance du ciel.

de la production, si l'assureur et l'assuré étaient la même personne, c'est-à-dire tout le monde ?

Le décret du 2 mars n'a pas même ce caractère d'opportunité qui fait quelquefois violence aux principes. On l'a rendu dans un moment où toutes les industries étaient en souffrance, où les chefs d'industrie faisaient déjà les plus grands sacrifices pour entretenir le mouvement de leurs ateliers, où la durée du travail allait se réduire, mais avec le salaire, et où cette réduction forcée devenait le seul moyen d'en conjurer la suspension prochaine. On a précipité ainsi la crise ; pour améliorer le sort des travailleurs, on n'a pas craint d'attaquer les sources mêmes du travail.

J'ajoute que le décret du 2 mars a été principalement réclamé par des ouvriers privilégiés dans leur intérêt exclusif et au détriment de tous les autres. Ce sont des mécaniciens et des ouvriers constructeurs qui ont porté ces plaintes, ceux qui obtenaient les salaires les plus élevés pour la journée la plus courte. Ce sont les hommes, en petit nombre, qui ne peuvent travailler qu'à l'aide des machines, qui ont fait la loi pour ceux et à ceux qui travaillent avec la seule assistance de leurs bras.[1]

Mais cette loi qu'ils ont arrachée au gouvernement, l'observent-ils eux-mêmes ? Assurément non. L'on sait que les ouvriers constructeurs ne consentent pas généralement, depuis que le décret a été rendu, à travailler plus de neuf heures, qu'ils ne rentrent dans les ateliers qu'à cette condition, et qu'ils exigent, pour neuf heures de travail, le même salaire qu'ils obtenaient auparavant pour douze.

---

1 Voici l'adresse présentée par les ouvriers du chemin d'Orléans au gouvernement provisoire. Les ouvriers du chemin du Nord et presque tous ceux des autres grands ateliers de construction ont mis en avant les mêmes demandes :

« Braves citoyens,

« Vos sympathies pour nos souffrances nous sont connues et nous garantissent sûrement votre approbation à ce que nous désirons faire relativement à l'organisation du travail ; voici ce que nous croyons être en droit de réclamer.

« 1° Nous désirons faire moins d'heures de travail pour avoir le temps de nous livrer à l'instruction qui moralise et qui donne connaissance des devoirs.

« 2° Nous désirons que notre salaire soit plus élevé, car il ne peut pas suffire à la satisfaction de nos besoins de première nécessité.

« 3° Nous désirons l'abolition radicalement comprise de toute espèce de marchandage. « Citoyens, nous comptons sur votre fraternelle amitié et sur votre sagesse pour rédiger le programme des conditions avec lesquelles nous reprendrons nos travaux. »

Ainsi, le décret qui rançonne le manufacturier ne le met pas à l'abri d'une rançon plus dure, et au-dessus de l'ordre légal se place encore la loi du plus fort.

Jusque dans la sanction pénale attachée au décret, on reconnaît la partialité du législateur. La peine de l'amende, et, en cas de récidive, celle de la prison sont prononcées contre le chef d'atelier qui admettrait ses ouvriers à prolonger la journée de travail au-delà de dix heures, quoique cela ne puisse arriver que de leur consentement, et, pour ainsi dire, avec leur complicité. En revanche, l'impunité la plus complète est réservée aux ouvriers qui travaillent moins de dix heures, et cela malgré le scandale des violences qui ont troublé un grand nombre d'ateliers. M. Louis Blanc dit quelque part dans une de ses proclamations « Ne pas limiter le travail, c'eût été méconnaître ce qu'avait de légitime *l'universelle* réclamation des travailleurs ; le *trop limiter*, c'eût été courir le risque de ruiner des établissements qui emploient beaucoup de bras ; c'eût été, dans les circonstances actuelles, s'exposer à rendre plus redoutable la concurrence étrangère. » Eh bien ! la limite posée par M. Louis Blanc, limite déjà fort onéreuse, n'est pas respectée par les ouvriers. Les établissements les mieux organisés sont livrés à l'anarchie et tombent dans une dissolution complète. La concurrence de l'étranger peut se donner carrière, car on désorganise notre industrie et on la met pour longtemps hors d'état de soutenir la lutte. On s'est plaint que la monarchie avait détruit le prestige de notre influence morale ; si l'on paralyse aujourd'hui le principe de la richesse, que restera-t-il désormais au pays ?

Les ouvriers seront les premières victimes du système. Les ateliers de l'industrie privée se fermant l'un après l'autre, il ne leur restera bientôt plus d'autre ressource que les ateliers nationaux. Ceux qui gagnaient depuis 3 francs jusqu'à 5 francs par jour devront se contenter de 1 fr. 50 cent. ou de 2 francs au *maximum* ; ils tomberont à la charge du gouvernement, qui, pour entretenir 45,000 ouvriers à Paris sans compter les femmes, devra ouvrir un emprunt ou établir de nouveaux impôts, c'est-à-dire enlever aux capitalistes et aux chefs de l'industrie les ressources à l'aide desquelles ils auraient pu, un peu plus tôt, un peu plus tard, rendre l'impulsion au travail. Cette transformation ne peut désormais avoir qu'un seul genre d'utilité : c'est de montrer, par le plus irrésistible des arguments, par l'expérience, à quel point toute organisation artificielle du travail dans la société est stérile et éphémère.

En décrétant l'abolition du marchandage, M. Louis Blanc n'en voulait qu'aux tâcherons, qui sont à l'ouvrier, dans l'état de liberté, ce que le commandeur, dans nos colonies, est à l'esclave. Il n'entendait proscrire ni le travail à la tâche, ni le marchandage par association, ces deux progrès que la liberté de l'industrie amène avec elle ; mais la pensée des ouvriers allait plus loin, et ils se sont chargés de compléter le décret. En vertu de la théorie qui prétend faire régner l'égalité des salaires, ils ont interdit le travail à la tâche comme tendant à mettre des différences entre les travailleurs. Le marchandage par association n'a pas trouvé grâce devant leur politique radicale, et cependant il y avait là un germe fécond d'entreprises. Cette espèce de marchandage était, dans les grands ateliers, la véritable et la meilleure organisation du travail. L'ouvrier devenait entrepreneur, et l'entrepreneur pouvait s'élever à l'état de capitaliste. Plusieurs ouvriers s'associant pour entreprendre, à un prix débattu, la façon de tel ou tel ouvrage, se distribuaient les tâches dans la mesure des facultés de chacun ; le salaire était proportionné à l'habileté, et le bénéfice au salaire. Chaque atelier dans l'usine se transformait ainsi en une république industrielle, que surmontait l'impulsion unitaire du manufacturier. Voilà le progrès naturel et précieux que l'on a détruit pour y substituer des combinaisons chimériques. Nous remontons, à la voix qui part du Luxembourg, le courant de l'histoire. En matière d'industrie, les échelons du progrès étaient d'abord le travail servile, puis la corvée, le travail à la tâche et le travail à l'entreprise. On a déjà supprimé les deux derniers ; espérons que l'on rétrogradera, par le chemin de la corvée, jusqu'au sanctuaire de l'esclavage.

Une fois que l'état s'est immiscé dans les transactions industrielles, il se voit forcé d'intervenir dans tout et partout. On nous dit que cette intervention de la part de l'autorité qui siège au Luxembourg a été purement officieuse, que ce sont les ouvriers et les patrons eux-mêmes qui prennent la commission pour arbitre, et enfin qu'elle n'impose pas ses décisions, qui sont librement acceptées. Cette explication, vingt fois répétée, n'en est pas pour cela plus sérieuse. La commission se pose en oracle ; c'est apparemment pour qu'on la consulte. Son arbitrage, dont elle fait valoir le désintéressement, nous paraît dériver nécessairement de l'attitude qu'elle a prise. Les ouvriers y ont recours dans l'espoir de donner ainsi à leurs exigences la sanction du gouvernement, et quand les patrons l'invoquent, c'est afin de diminuer leurs sacrifices, en s'abandonnant à celui de leurs deux adversaires qui leur semble le plus éclairé. Au reste, la commission n'y va pas de main morte. Après avoir réglé les heures de travail, elle est en train de régler les salaires. Les cochers d'omnibus, les paveurs, les boulangers, les débardeurs, ont déjà leurs tarifs. Il ne reste plus qu'à imposer un *maximum* à la production et qu'à renfermer la consommation dans certaines limites. Nous pourrons alors nous croire à Salente, et il sera prouvé que M. Louis Blanc, comme le voulait le philosophe de Louvain, a été élevé dans la lecture exclusive de *Télémaque*.

Nous venons de passer en revue ce que la commission a fait ; voyons maintenant ce qu'elle a laissé faire.

Les ouvriers veulent élire leurs chefs. Dès les premiers jours de la république, une proclamation affichée à tous les coins de rue exprimait ce vœu de la manière la plus absolue et la plus énergique : « Plus de privilèges entre nous et les citoyens qui doivent nous servir de guides dans l'exécution de nos travaux. Il est de toute nécessité que, dans chaque atelier, dans chaque administration, les ouvriers emploient la voie de l'élection pour nommer leurs contre-maîtres ; croyons que cette mesure maintiendra l'union pour le bien de tous, n'étant plus obligés d'obéir à un chef imposé. » De la doctrine on n'a pas tardé à passer aux actes. Les ouvriers, non contents de nommer les contre-maîtres, ont poussé leur ambition jusqu'à désigner les ingénieurs et les administrateurs. Quand ils ne pouvaient pas procéder par voie d'élection, ils agissaient par voie d'exclusion. Ceux qui étaient employés au chemin du Nord ont exclu de leurs rangs, malgré l'administration, plusieurs contre-maîtres ; ceux de Versailles (rive gauche) ont destitué l'ingénieur et deux administrateurs. La même tentative a été renouvelée sur la ligne d'Orléans, où il a fallu, pendant quelques jours, remettre l'autorité aux mains de deux commissaires. On aurait de la peine maintenant à trouver un seul atelier dans la capitale où le chef ose commander et où l'ouvrier veuille obéir.

Les ouvriers, avec le bon sens qui leurs est naturel, comprendront bien vite les nécessités de la vie politique ; mais il y a trop peu de temps qu'ils ont reconquis leurs titres pour qu'ils puissent distinguer entre les fonctions diverses de la société. Voyant que le pouvoir dans l'état relève de l'élection, ils ont cru que l'élection devait être le principe générateur de toute force active. Des hommes qui ont entendu dire qu'il convenait d'élire leurs juges ne se livrent pas assurément à un paradoxe beaucoup plus étrange, en supposant qu'il leur appartient d'élire leurs chefs d'atelier.

Le pouvoir doit venir d'en bas, lorsqu'il implique un mandat ; il doit émaner d'en haut, quand il suppose la capacité et la responsabilité. Le peuple choisit ses représentants, et la garde nationale élit ses chefs, parce que les représentants du peuple et les chefs de la garde nationale sont, avant tout, les dépositaires de sa confiance et les garants de sa liberté ; mais l'armée n'élit pas ses généraux, ni les bataillons industriels leurs officiers, parce que la multitude n'est jamais assez éclairée pour désigner les plus capables de la conduire. Il faut être supérieur à celui que l'on choisit pour faire un bon choix. J'ajoute que le travail des ateliers exige une forte discipline : un chef que ses subordonnés pourraient faire et défaire ne prendrait qu'avec peine l'autorité nécessaire au commandement. Si les ouvriers nommaient les contre-maîtres, les contre-maîtres les ingénieurs, et les employés les administrateurs, le pouvoir changerait de mains toutes les semaines. Dans un atelier, on ne pourrait pas répondre de la direction à donner aux travaux. Sur un chemin de fer, on n'obtiendrait ni la régularité, ni la célérité, ni la sûreté du service ; la vie des voyageurs serait à chaque instant en péril. Dans la hiérarchie industrielle, l'élection c'est le désordre.

Parmi les articles de ce programme que les ouvriers imposent à la société, nous rencontrons en dernier lieu le partage des bénéfices. Voici la formule qui traduit ces prétentions avec le plus d'exactitude et de simplicité. Je l'emprunte à une affiche qui est signée par M. Olinde Rodrigues.

« Désormais, dans toute entreprise industrielle, tous les travailleurs, ouvriers, contre-maîtres, employés ; ingénieurs, directeurs et gérants, seront associés avec les actionnaires en raison du travail des uns et du capital des autres.

« Les bénéfices restant disponibles après le paiement des salaires des travailleurs et après celui des dividendes du capital pour intérêt et amortissement seront répartis entre tous, selon le chiffre du salaire et du dividende de chacun. »

Je ne repousse pas absolument cette combinaison. En 1831, pour mettre quelque chose de pratique à côté des visions des saint-simoniens, je la proposai moi-même.[1] Je l'ai reproduite depuis dans les *Etudes sur l'Angleterre*, dont on me permettra de rappeler ici quelques lignes.

« Prenons le système industriel tel qu'il existe, ne cherchons pas à lui enlever l'individualité des intérêts qui fait sa force ; bornons-nous à souhaiter qu'il emploie les hommes autrement que les machines, et que l'ouvrier soit intéressé au succès du maître, dont il demeure aujourd'hui séparé par sa position non moins que par ses préjugés.

« C'est dans la pratique des nations qu'il faut chercher les bases du nouveau contrat. En l'interrogeant avec soin, l'on y trouvera des indications précieuses. Dans la pêche au filet, sur les côtes méridionales de l'Angleterre, la moitié du produit appartient au propriétaire du bateau et du filet, l'autre moitié appartient aux pécheurs qui montent le bâtiment. Une répartition semblable des profits s'opère entre les armateurs et les équipages des vaisseaux envoyés à Terre-Neuve, ainsi que des navires baleiniers. Toute maison de commerce ou de banque qui veut exciter le zèle de ses employés leur attribue un intérêt dans ses affaires. Les fabricants qui cherchent à diminuer le déchet des matières premières allouent à leurs ouvriers la moitié de l'économie obtenue par leurs soins. A Paris, un peintre en bâtiment, M. Leclaire, a eu la bonne pensée d'associer ses ouvriers à la répartition des bénéfices faits dans son établissement, et l'établissement prospère.

« Le même principe peut s'appliquer aux grandes manufactures ; je dirai comment. Il n'en est pas en Angleterre du manufacturier comme du propriétaire foncier. Celui-ci n'est qu'un capitaliste, qui, ayant placé son capital en fonds de terre, en reçoit l'intérêt des mains du fermier. Le manufacturier, au contraire, réunit en lui la double qualité de propriétaire et de fermier. Le capital d'exploitation ou fonds de roulement lui appartient aussi bien que

1 Dans le journal *le Temps*. Cette combinaison fut alors l'objet d'une polémique assez vive entre *le Temps* et *le Commerce*.

le capital représenté par l'usine, par les machines qu'elle renferme et par le sol sur lequel s'élèvent les bâtiments ; tout cela n'a de valeur que par son industrie. Les filateurs du Lancashire, pour se rendre compte des résultats de leurs opérations, mettent d'abord en ligne de compte l'intérêt et l'amortissement de leur capital, ainsi que les sommes dépensées pour l'achat des matières premières, pour le salaire des ouvriers, pour l'entretien et pour la réparation des machines ; ce qui reste, après ces diverses attributions, des sommes réalisées par la vente des produits constitue leurs bénéfices.

Dans une association qui mettrait en présence, d'un côté le manufacturier, et de l'autre le corps des employés attachés à son établissement, la répartition devrait naturellement se modifier. On poserait d'abord en principe que toute fonction doit être rétribuée, et le manufacturier s'allouerait un traitement, de même qu'il paie aux ouvriers un salaire. Le salaire, étant une marchandise, se réglerait selon les cours admis sur le marché. Viendraient ensuite les dépenses d'entretien, de réparation et d'amélioration. L'intérêt du capital ne serait prélevé que pendant la durée de l'amortissement. Quant aux bénéfices, après avoir mis à part un cinquième pour le fonds de réserve, on les partagerait, par égales moitiés, entre le maître et le corps des ouvriers. Il va sans dire que j'entends ce partage comme une concession volontaire, à laquelle chaque manufacturier apporterait ses conditions. On comprend encore que tous les ouvriers ne devraient pas y être indistinctement admis. Une certaine résidence ferait titre, si d'ailleurs la bonne conduite du co-partageant ne s'était pas démentie. Le fabricant n'aurait point à produire ses livres, il serait cru sur parole. Il conserverait aussi le droit d'indiquer l'emploi de cette libéralité, et d'exiger, par exemple, que chaque ouvrier versât une certaine somme à la caisse d'épargne, afin de s'assurer une pension viagère pour ses vieux jours.

« J'ai la ferme conviction que le premier fabricant qui aura le courage d'appeler ceux qu'il emploie au partage de son gain annuel ne fera pas, en résultat, un sacrifice. Il est clair que cette concession attirera auprès de lui les meilleurs ouvriers, que le travail s'accomplira avec plus de soin et de zèle, et que les produits gagneront en quantité ainsi qu'en qualité. Il s'établira, de cette manière, entre les ouvriers et les maîtres une solidarité intime à l'épreuve du temps et des circonstances. Ceux qui auront partagé la bonne fortune de la maison s'associeront plus volontiers à ses revers, et le poids des mauvais jours s'allégera, lorsque chacun en voudra prendre sa part. Les coalitions cesseront du côté des ouvriers, car elles n'auront plus d'objet. La cheminée de la manufacture deviendra comme le clocher de la nouvelle communauté, et les bohémiens de la civilisation industrielle auront enfin une patrie, un foyer. »

L'association des ouvriers avec les chefs du travail, association qui est l'avenir même de l'industrie, perd ce caractère réparateur dès que le contrat cesse d'être volontaire. Je ne la comprends que dans la plus entière liberté ; elle devient impraticable et contraire à l'équité dès qu'elle s'impose. La compagnie d'Orléans admettait déjà les employés de son administration à participer aux bénéfices de l'entreprise. Les ouvriers de ses ateliers en réclament aujourd'hui leur part. Les ouvriers du chemin du Nord, qui faisaient valoir les mêmes prétentions dans une attitude menaçante, ont forcé la main à la compagnie. A quel titre et en vertu de quel droit ? C'est ce que l'on peut examiner.

Dans le colonage partiaire, le métayer a droit à la moitié des fruits que produit le sol cultivé par ses soins. Pourquoi cela ? Parce que, dans cette association, le travail et le capital courent les mêmes chances. Le métayer ou colon ne reçoit pas de salaire ; il n'est rémunéré de sa peine que par le prélèvement qu'il fait sur les produits. Le propriétaire, de son côté, ne touche pas l'intérêt du capital que représentent la terre, les bâtiments d'exploitation, les instruments aratoires et les bestiaux. Ainsi, le travail et le capital s'associent sur le pied d'une égalité parfaite. Comme ils s'exposent aux mêmes pertes, ils ont un droit égal au partage des bénéfices ou plutôt des produits bruts.

Mais, dans l'industrie manufacturière, le travail est à l'abri de tous les risques auxquels le capital se trouve exposé. Que le chef d'atelier fasse des pertes ou des profits, l'ouvrier n'en perçoit pas moins tous les jours la rétribution de sa main-d'œuvre. Le salaire est privilégié, et il doit l'être. Le salaire, représentant l'existence de chaque famille, ne peut pas dépendre de la bonne ou de la mauvaise issue d'une spéculation qui n'a pas pour base, comme l'agriculture, le retour périodique et certain des moissons. Précisément aussi parce que le salaire est prélevé, par privilège, sur les produits, le travail ne saurait être rangé sur la même ligne que le capital pour les éventualités ultérieures. Comme il ne supporte pas les pertes, il n'a pas droit aux bénéfices. Aucun des éléments de la production, ni la main-d'œuvre, ni le capital, ni l'intelligence, ne doit s'attribuer aux dépens des autres la part du lion.

Reconnaître aux ouvriers le droit de partager avec les chefs d'atelier les bénéfices de l'industrie, ce serait établir un impôt sur le capital au profit de la main-d'œuvre. Or, on ne taxe pas le capital à volonté. Il est incompressible de sa nature, et il échappe à la violence par sa mobilité même. Dans toute contrée où les manufacturiers se voient contraints de partager leurs bénéfices avec les ouvriers qu'ils emploient, il arrive nécessairement, ou qu'ils cherchent un autre placement pour leurs capitaux, ou qu'ils rattrapent, par un retranchement sur les salaires, l'équivalent des parts de bénéfice qu'on leur a arrachées.

On veut donner au travail une juridiction, une main mise sur la propriété du capital. On imagine une espèce de croit de l'ouvrier,[1] de même que les Irlandais, dans leur haine pour les conquérants saxons, ont inventé un droit du tenancier à la possession de la terre qu'il occupe. Le résultat tournerait contre les ouvriers eux-mêmes. Si vous admettez le droit des ouvriers aux bénéfices d'une entreprise, les ouvriers évalueront en capital le profit annuel qu'ils en retirent, pour vendre ce droit en se retirant, comme on vend une clientèle, à ceux qui se présenteront pour leur succéder. Vous aurez transformé, il est vrai, en capitalistes les premiers ouvriers qui recevront ce don de joyeux avènement des mains de la république ; mais vous aurez mis leurs successeurs dans la nécessité d'acheter le droit de travailler ou de demander l'aumône : vous aurez transporté, dans le domaine du travail, le principe qui a présidé, en 1815, à la création des offices ; vous aurez créé une multitude infinie de privilèges pour remplacer la liberté de l'industrie.

La participation des ouvriers aux bénéfices est, dites-vous, le principe de rapprochement entre l'ouvrier et le manufacturier, entre le travail et le capital, entre celui qui ne possède pas et celui

---

1 Dans l'anglais, l'antithèse des deux termes est plus énergique : *workman-right, tenant-right.*

qui possède ! Mais il n'y a pas d'association en dehors de la liberté. En rendant la participation forcée, vous la rendez impossible. La servitude du capital n'est pas plus féconde que celle du travail, et l'on n'enrichit personne en faisant passer la propriété sous les fourches caudines.

Ne voyez-vous pas ce qui arrive partout où la religion de la propriété s'affaiblit ? Le travail cesse et le désordre commence ; mais qui sait où le désordre s'arrêtera ? Déjà la dévastation a été portée dans les forêts de l'état. On a brisé des presses, des métiers, des machines ; on a brûlé des filatures et saccagé des maisons. Dans certains faubourgs de Paris, les locataires insurgés contre les propriétaires qui refusaient de faire l'abandon de leurs revenus ont pendu ceux-ci en effigie, en plantant des drapeaux noirs sur les maisons comme en temps de guerre. Y a-t-il bien loin de cet état de choses au pillage, et ne semble-t-il pas que la société ait été prise d'assaut, comme une place forte abandonnée par ceux qui devaient la défendre ?

Je considère ce qui se passe aujourd'hui comme le juste châtiment des fautes que la bourgeoisie a commises. Je reconnais que les classes laborieuses, jusque dans leurs colères, sont les instruments de la Providence, qui veut transférer le pouvoir dans d'autres mains : j'admets que la révolution de février, comme celle de 1789, amène dans la société une répartition nouvelle de la richesse ; mais ce mouvement ne tournera au profit de personne, si l'on en fait un bouleversement radical. Il n'y a pas d'édifice qui prenne son assiette sur des décombres.

Ce n'est ni au gouvernement ni à la loi d'opérer la distribution des fortunes. L'état n'a que des moyens d'action indirects. Il lui appartient de lever les obstacles que la production rencontre en améliorant les voies de communication, et les moyens de transport pour les marchandises ainsi que pour les personnes, en provoquant le reboisement des terrains en pente, l'irrigation du sol cultivé, le défrichement des terres incultes, la colonisation à l'intérieur et à l'extérieur. L'état a qualité pour mettre les instruments de travail à la portée du plus grand nombre en développant les institutions du crédit par un bon système de banques et par la réforme hypothécaire. Il peut favoriser l'élévation des classes laborieuses par l'éducation et par les institutions d'épargne ; il peut limiter l'expansion des classes supérieures en les appelant à supporter une plus grande part des charges publiques. L'impôt est le véritable levier au moyen duquel on agit sur la répartition de la richesse. La réforme urgente aujourd'hui, la réforme populaire, est celle qui portera sur l'assiette de l'impôt.

Les taxes, en Angleterre, se conforment au principe aristocratique du gouvernement ; elles pèsent principalement sur les objets de grande consommation, et retombent par conséquent sur le peuple. En France, l'impôt direct, l'impôt qui grève la propriété, est la base principale du revenu public ; mais notre système comporte quelques exceptions fâcheuses, comme les taxes sur les boissons, l'impôt sur le sel, les octrois et les droits de douane établis sur les denrées alimentaires. Il présente aussi certaines lacunes que rempliraient un droit plus élevé sur les successions collatérales, des taxes de luxe, et dans une limite raisonnable, par exemple celle de la contribution mobilière, l'impôt progressif.

Voilà ce que pourrait être un programme pratique d'améliorations. En dehors, il n'y a que déceptions et chimères.

ISBN : 978-1985355453